性, 사랑의 길

性, 사랑의 길

– 인문학과 성의 만남

김대유 지음

시간여행

프롤로그

성과 사랑을 고민하는 읽기로 각자의 생을 완성하자

탄생. '태어난다'라는 우리 말에는 '아기가 엄마의 태(胎)에서 스스로 나온다'라는 뜻이 있다. 세상의 모든 아기는 엄마에게 물어보지 않고 자신의 탄생을 스스로 결정한다. 참으로 주체적인 존재이지만 애당초 인간은 불효자식이다. 본래 진화생물학의 측면에서 성 자체는 윤리나 도덕을 반영하지 않는 물리적 영역이다. 인간은 성(性)적인 존재이며 그 유물이다.

생명은 어떤 가치체계에도 속하지 않고 각자의 존재에 새겨진 DNA에 따라 태어난다. 인간의 대지에서 생명이 탄생할 때, 아기는 자신이 태어날지 말지를 스스로 결정한다. 수정란의 착상이 순조롭고 배아가 건강해도 출산으로 이어지지 않을 때 우리는 그 상태를 불임이라고 하는데, 모든 의학적 노력을 기울여도 끝내 불임을 극복하지 못하면 의사들은 그 이유를 '알지 못하겠다'라고 한다. 태아만이 알고 있을 법도 하지만 물어볼 방법이 아직 없다. 다만 태아의 결정대로 탄생 여부가 엇갈릴 뿐이다. 심지어 태아는 자신이 태어날 시간까지 자신이 정한다.

이기적인 침탈을 수반하는 인간의 탄생은 필연이다. 인체가 수정란의 존재를 모르는 3일 동안 뇌간조차도 인지하지 못하여 먹이를 공급하지 못할 때, 배아는 엄마의 자궁을 파고들어 피를 빨아들인다. 배아기를 거쳐 태아기에 접어들면서 태아는 모체와 살벌한 투쟁을 전개한다. 태아가 엄마의 두뇌로 가야 할 포도당을 끌어당겨 자궁으로 흡입할 때, 모체는 포도당 부족 등으로 심한 임신 증후군을 앓기도 한다. 생명이 위협받는 상황에서 모든 모체는 생사의 갈등을 겪는다.

"내가 죽더라도 태아를 살려야 할까?"

"태아를 버리고 내가 살아야 하나?"

놀랍게도 무의식에서 모든 모체는 태아를 버리기로 한다. 아기의 유전자는 50%만이 자기 것이기 때문이다. 지금 남의 유전자 50%를 가진 태아를 버림으로써 다음의 임신 기회를 얻을 수 있기 때문이다.

아기는 태어나기 위해 가장 먼저 모체와 싸워 이겨야 한다. 지극한 모성애의 이면에 담긴 무의식의 세계는 가혹하다. 엄마의 모성은 어디까지인가? 역시 의사들은 모성의 진정한 속내를 '알 수 없어'라고 한다.

탄생을 만들어 낸 성은 놀라운 영역이다

대학원에서 '성과 사랑'을 강의할 때 필자는 학생들과 깊이 있게 토론하고 주제마다 완결구조를 끌어냈다. 성의 구조와 사랑의 체계를 논했다. 경기대학교 교육대학원에서 2015년에서 2021년도까지 대학원 학생들에게 〈성과 사랑〉이란 강좌를 개설하여 가르쳤다.

성의 역사와 정치체계를 규명하고 문화권에 따른 성의 가치를 분류했다. 보편적인 성 의식과 성교육을 정리하여 학습할 때 학교현장에서 보건교육, 성교육, 상담을 가르치는 교사 대학원생들조차 그 신비하고 모호한 성에 대해 놀라워했다. 강의에서 대학원생들이 자신의 성 인식과 관점을 글로 써서 발표하는 시간에 대부분은 울었다.

속내의 물리적이고 순수한 성을 바라보지 못하고 인위적이며 이타적 행동과 관습에 끌려 연애하고 결혼했던 자아를 성찰했기 때문이다. 인간은 자기애적 투사 현상을 벗어나기 어려운 존재다. 그러나 학습을 통하여 내면에 잠긴 물리적이고 보편적인 성과 직면하면 누구나 마음이 가난해진다.

마음이 가난해지면 관계 의존을 벗어나 진정한 자아를 찾아갈 수 있는 눈이 떠진다. 눈을 뜨면(格物致知) 역사와 문화 속의 성을 객관적으로 직시할 수 있고, 교사나 부모로서 어린아이의 성교육을 어떻게 바라보고, 어떤 방식으로 해야 하는지 가늠할 수 있다. 동시에 어렸을 때부터 가졌던 부모화(Parentified)를 극복하면서 자기애적 균형 상태를 이룰 힘이 생긴다.

유네스코의 청소년 성교육에 관한 태도는 명확하다.

첫째, 청소년 성교육은 청소년 자신의 성 행동 때문에 초래할 수 있는 문제를 예방하기 위해서다.

둘째, 성교육은 여성 할례 등 종교나 전통윤리에서 강조하는 순결 논리 즉, 성 논리의 이중 기준을 극복하기 위해서다.

셋째, 십 대의 성욕을 자연스럽게 인정하고 합리적인 출구를 찾기 위하여 피임 등 예방 교육을 하기 위함이다.

넷째, 청소년이 타인에 의해 함부로 성을 침해받지 않도록 성적자기 결정권을 인지하게 하고 사랑의 문제에 대한 길라잡이를 하기 위해서다.

유엔이 안내하고 있는 청소년의 성교육은 청소년이 고유한 성적 존재로 인정받고 건강하게 성장하도록 도와야 한다는 뜻이다. 이는 종교와 관습, 각종 규범에 얽매여 있는 어른의 측면에서 볼 때 참 어려운 일이다. 우리 성인조차도 유네스코가 권장하는 성교육 대상에게서 벗어나지 못했기 때문이다. 대학원생이 자기 안의 성적 관념과 한계를 느끼면서 왜 울어야 했는지 짐작이 가는 대목이다.

사실 성의 보편적 가치를 헤아리는 것은 결코 쉬운 일이 아니다. 타인과 맺는 성의 관계에서 자신과 상대방 모두 서로에게 '절대적 타자'라는 깨달음을 얻는 일은 어느 시대, 누구에게나 어려운 일이다. 그래서 신기루처럼 백마 탄 왕자나 아라비아 공주를 사랑의 본질로 투사하는 것이다.

문학과 예술, 대중가요는 예나 지금이나 자아의 욕망을 충족시킬 투사적(投射的) 사랑을 반영하고 있다. 이룰 수 없는 사랑이 완벽하게 (자기의 뜻대로) 완성되기를 바라는 욕망 즉, 타자인 연인을 자신의 욕망과 동일시하는 착시 현상에 모든 꿈을 싣는다. 허황하지만 인간은 영화「매트릭스」처럼 그렇게 포장한 투사적 의식을 사랑의 본질로 여기며 살도록 설계했다는 느낌이 들 정도이다.

그러나 성의 정체성은 고고학과 생물학, 심리학과 종교에 따라 갈라지고 모아진다. 정치와 과학, 인권에 역사가 있듯이 인간의 성과 사랑도 뚜렷한 역사적 발자취가 있다. 보편성을 완성하는 과정이 있다는 뜻이다.

46억 년 전 지구가 만들어지고 20억 년이 지나 지구에는 세포핵이 있는 최초의 세포가 성을 통해 증식했다. 그로 인해 성장과 생식을 하는 유기체가 신진대사를 시작하였다. 지구 역사에서 현생인류라 불리는 호모사피엔스의 등장은 플라이스토세(지질 시대 구분에서 약 기원전 258만 년부터 기원전 9700년까지 약 257만 년 동안의 시기를 일컬으며, 신생대 제4기 대부분의 시기를 차지한다. 플라이스토세라는 명칭은 그리스어로 '가장 새로움'이라는 뜻에서 왔다.)에 해당하는 약 1만 5천 년에서 20만 년 전, 그 어디쯤 걸쳐져 있다. 성의 사회적 가치는 호모사피엔스의 문명과 함께 시작되었다.

안타깝지만 사회적 성의 존재는 문명의 궤도 속에서만 자유롭다. 세계의 문명은 남녀가 생육하기 위한 집이었고, 세상의 문화는 남녀가 사랑하기 위한 길이었다. 생육과 사랑의 기본이 되는 남녀의 성

(性)은 인류사에서 가장 견고한 집이고 길이다. 동시에 가장 오래되고 가치 있는 빈티지(Vintage)이다. 성은 세계사의 변두리가 아니다. 생명의 시작은 곧 성의 기원이다. 우주의 탄생과 생물의 진화에는 성의 나이테가 새겨져 있다.

유럽 인구의 절반 가까이 앗아간 페스트가 유행하던 1348년 이탈리아의 조반니 보카치오는 솔직한 성과 사랑의 100개 이야기를 담은 『데카메론』을 출간했다. 이 책은 출간 즉시 금서로 묶였지만 여러 차례 새로 출간하고 여러 언어로 번역되어 세계로 퍼져나갔다.

1450년 유럽의 강대국은 앞다투어 아프리카와 아시아, 아메리카를 돌면서 수백만 명을 노예로 잡아서 가는 곳마다 성폭력을 저지르며 매독을 비롯한 성병을 퍼트렸다. 식민주의에 입각한 성매매가 세계적 규모로 등장하여 사회적 문제가 되었다.

그러나 한편에서는 영국의 윌리엄 세익스피어는 그의 저서 『로미오와 줄리엣(1956)』을 통해 관습에 맞서는 두 사람의 '죽음보다 강한 사랑'을 이야기하였다. 혼탁한 성폭력의 시대에 세익스피어는 순수한 남녀의 사랑이 어떻게 폭력과 규범을 뛰어넘어 결합할 수 있는지를 말해주었다.

근대에 이르러 세계는 바야흐로 왕정에서 공화정으로 바뀌어 갔다. 정치 민주화에서 성 평등 문제는 매우 큰 반향을 불러일으켰다. 오스트리아에서는 1905년 지그문트 프로이트가 인간은 성적 존재라는 '무의식 리비도 이론'을 발표하여 정신분석학의 새로운 전환점을 형성하였다.

1916년 미국의 간호사 출신 마거릿 생어(Margaret Sanger)는 피임법과 여성병원을 운영하여 여성보호에 힘썼고, 시몬느 드 보봐리가 쓴 『제2의 성』으로부터 페미니즘이 싹을 틔웠다. 히틀러와 스탈린의 독재 시대를 지나서 미국 인디애나 주립대학 생물학과의 알프레드 킨제이 교수는 남녀의 성 행태를 추적하여 밝힌 「킨제이 보고서」(1948)를 발표하여 미국 사회를 충격에 빠트렸다.

남녀의 섹스 형태와 소년 소녀들의 자위행위 등 솔직하고 과학적인 성생활 실태 보고서는 현대를 여는 성 해방의 신호탄이 되었다.

이 책은 인생의 길에서 맞닥트리는 성과 사랑의 문제를 정면으로 직시하며 사회적 시선으로 객관화시킨 칼럼 형식으로 쓰였다. 우리가 알아야 할 성과 사랑의 기본적인 지식에서부터 청소년의 성교육에 임하는 자세와 마음가짐, 가치관을 공유하고자 하였다. 성은 왜 사회적 문제인가, 성과 사랑의 탄생, 기독교와 이슬람의 사랑, 현대의 해방된 사랑, 디지털 시대 아날로그의 역습, 미국과 아시아의 성 인식, 섹스의 다양한 형태, 성매매와 데이트 폭력, 성교육의 필요성 등으로 구성되었다.

기본 텍스트는 경기대학교 교육대학원에서 다루어진 필자의 강의안이고, 문맥은 2023년 교육전문지인 「교육플러스」에 필자가 10회에 걸쳐 연재한 〈김대유의 성과 사랑〉 시리즈에 기반하고 있다.

좋아하는 책을 못 만난 대중은 있어도 책을 싫어하는 대중은 없다. 집필자에게 이 말만큼 긴장감(tension)을 주는 말이 세상에 있을까? 15번째 저서를 내면서 나는 비로소 '대중이 좋아하는 책'에 대한 마음의 부담을 무겁게 느낀다. 인생의 길은 읽기에서 시작하여 글쓰기로 완성한다.

이 원고는 사랑의 길에서 마주친 성(性) 이야기이다. 성과 사랑을 고민하는 읽기(Reading)는 곧 각자의 생을 완성(Writing)하는 길이 아닐까. 그 믿음을 독자들과 함께 나누고 싶다.

2023년 여름에
김대유 드림

목차

4장 현대 해방된 사랑

5장 디지털 시대 아날로그의 역습

6장 모순된 미국의 성

1장

성은 왜 사회적 문제인가?

불타는 트롯맨, 장밋빛 여자들 | 멀티 페르소나 | 페미니즘의 서사(敍事)
제6차 지구 대멸종과 남성 대멸종 | 성은 왜 사회적 문제인가?

1장. 성은 왜 사회적 문제인가?

불타는 트롯맨, 장밋빛 여자들

산다는 건 좋은 거지♪ 수지맞은 장사잖소♬
알몸으로 태어나서♩ 옷 한 벌은 건졌잖소♬

이렇게 올드(old)한 노래를 새파란 20대 청춘 남성이 '구성지게' 부르면 스튜디오 무대 아래 관객은 함께 춤을 추며 장미꽃을 던진다. 박자를 맞추고 춤으로 호응하며 가수들 노래에 뜨겁게 반응하는 청중은 대부분 20·30세대 여성이다. '불타는 트롯맨'이라는 한 공중파의 프로그램은 트롯 쾌남들의 인생을 건 도전을 다루는 오디션이다.

이 프로그램은 최고 시청률이 16.59%에 이르기도 했다. 핑크빛 세

미 정장 차림의 신성, 민수현, 박민수, 김중연, 공훈, 에녹은 20대 트로트 가수이다. 구성지지만 경쾌하게 불러대는 그들의 구성진 노래가 꽃비처럼 무대에 날리면 젊은 여성들은 붉은 장미꽃을 던지며 열광한다. 공중파에서 그런 플로어의 청중 장면은 아직 낯선 풍경이다.

물론 텔레비전 쇼는 잘 짜인 각본과 예행연습, 탄탄한 스토리텔링을 시청자에게 선사하지만, 여성 청중이 춤을 추며 남자가수와 즐겁고 행복한 웃음을 공유하는 모습은 각본만 갖고 연출하기 어렵다.

놀이문화의 흐름이 축적되어 표출한 장면이라고 생각한다. 2천년대를 전후하여 소녀시대로 일컫는 소녀 그룹의 열성 팬은 의외로 넥타이를 맨 중년 아저씨들이었고, 잘 나가는 여의도의 생맥줏집에서 소녀 그룹을 모방한 소녀 아르바이트생의 춤은 인기 만점이었다. 그런데 지금은 TV 쇼 프로지만 대중문화 주 소비층이 남성에서 여성으로 역전하여 이루어진다.

TV 노래 프로그램 「불타는 트롯맨」을 보면서 유럽 젊은이들의 여유 있는 청춘을 오버랩시킨 것은 우연이었을까? 유럽을 여행하며 참 부러웠던 장면이 있었다. 그것은 뮌헨의 호프집에 넘실대는 청춘들과 샹젤리제 거리를 활보하는 젊은이의 밝은 표정이었다. 쾰른 대성당 앞 골목길에서 기타를 연주하고 노래하는 이십 대의 깔깔거리는 웃음이었다. 철없고, 생각 없이 오늘만 즐기는 듯한 '걱정 없는 모습'은 한국에서 찾아보기 힘든 풍경이다. '아무 생각이 없는' 듯한 얼굴로 먹고 마시고 춤추는 유러피언 청춘들의 모습이 낯설었다.

분단과 징병, 국가보안법으로 묶인 한반도와 달리 유럽은 모병제와 민주주의가 발달하였으니, 젊은이들의 주 관심은 잘 놀고 즐기며 여행하는 생활주기에 꽂혀있었다. 그들은 담배꽁초를 버리거나 마시고 난 페트병을 동전과 교환하지 않을 때 죄의식을 느끼지만, 행복하게 놀기 위한 도전에는 죄의식이 없다.

성과 사랑에도 죄의식을 느끼지 않는다. 아시아에 비해 자유로운 젊은이의 성생활과 높은 비혼 동거율이 그러한 사실을 입증한다. 독일과 프랑스를 비롯한 유럽 정부는 나라마다 차이가 있지만, 대체로 결혼 커플과 동거하는 커플을 구분하여 경제적 지원에 차별을 두지는 않는다.

한국에서는 결혼하는 신혼부부에게 주택 분양 등 여러 가지 특혜를 베풀지만, 독신 청년이나 비혼 동거 커플에게는 아무런 혜택을 주지 않는다. 언론사 등에서 시행하는 설문 조사에서도 저출산 극복을 위한 대책 1위는 언제나 주택공급이다. 결혼 연령기의 절반 가까운 남녀가 비혼 동거에 찬성하고 있는 마당에 그들을 제외한 경제정책이 무슨 실효성이 있는 것인지 도무지 모르겠다. 결혼한 부부에게만 혜택을 주어도 젊은이의 혼인 욕구는 오르지 않고 저출산 비율은 가파르게 상승하고 있다.

문체부의 국민의식 조사(2022)에서 "동거도 결혼의 한 형태로 인정해야 한다."라는 응답이 67.3%로 나왔다. 국민은 동거 연인을 차별하는 정부의 경제정책은 분명 잘못된 것이라고 명확하게 지적하고 있다. 이는 동거 연인을 인정할 때, 경제적 소비층을 확보하고 출산율도 높인다는 선진국의 사례에서 알 수 있는 일이다.

이는 한국의 윤리의식에 비추어 보면 동거율이 높아지면 결혼율도 연계하여 동반 상승할 가능성이 있을 것으로 보인다. 주택공급과 세제 혜택에서 비혼 동거를 차별하지 말고 다자녀 혜택도 외 자녀와 다자녀를 구분하지 않고 동등하게 베풀어야 한다.

누구나 답은 알고 있지만, 정부의 대통령과 관료들은 기존의 낡은 관행을 바꾸려 하지 않는다. 대통령과 정부의 그릇된 꼰대 정책, 저출산 장려 정책 자체가 곧 재앙이다.

불타는 트롯맨에서 보여지는 젊은 여성의 자연스러운 분위기는 비혼 동거율과 상관관계가 있는 것으로 볼 수 있다. 문화일보의 MZ 세대 저출산 인식 여론조사(2023)에 따르면 '결혼은 필수(12.3%)보다는 선택(87.7%)'이라고 응답했다. 30대 여성의 55%는 '결혼하지 않을 것'이라는 비혼 희망을 선택했다. 양성평등의 중요성에 대해서 남성들은 58% 정도만 인정했지만, 여성은 87.5%로 나타나 인식 차이를 보였다.

또한, 20대 여성 60%는 '출산하지 않겠다'라고 응답했다. 그리고 다른 조사(문화일보&엠브레인, 2023)에서 '이혼할 때의 감정'에 대해 남성 응답자의 29.2%는 애증이 교차한다고 답하여 미련을 남긴 것에 비해 여성은 33.1%로 해방감을 나타냈다.

연애와 결혼, 출산의 문제에서 20·30세대 여성의 주도권이 갈수록 선명해지고 있으며, 그녀들의 마음을 다잡아주지 못하는 한 저출산 문제는 영원히 풀리지 않을 것이다. 그런 면에서 대한민국 국회와 정부의 관료는 자신이 장애물이라는 인식을 스스로 가져야 할 것이다.

멀티 페르소나

서울의 경동시장 한가운데 '스타벅스 경동 1960지점'이 자리 잡았다. 1960년에 세워진 경동극장이 문을 닫자, 스타벅스에서 인수하여 카페로 리모델링했다. 판매 품목마다 300원을 적립하여 시장 발전을 위해 기부한다.

카페의 풍경은 새로웠다. 추억을 불러일으키는 넓은 옛 공간, 무대 위의 현대적인 설치미술, 주문번호를 영사기로 벽면에 쏘아 올리는 감각은 복고풍의 공감대 형성에 젊은이들의 감각을 충족시키는 뉴트로 분위기를 가미하고 있다.

지난 2022년 12월에 개장한 경동 1960점 카페는 오픈런을 할 만큼 성황을 이루었다. 남녀노소가 즐겨 찾지만, 온라인 검색을 통해 카페를 점령한 주요 세력은 2, 30대 여성들이다. SNS에 가장 능하다는 이삼십대 여성들이 아날로그의 상징인 경동극장 카페를 찾은 것은 디지털 문명 덕분이다. 이러한 현상은 제주도에서 홍대입구역에 이르기까지 광범위하게 펼쳐지고 있다. 시대가 바뀌고 있다.

문화뿐 아니라 경제의 소비 패턴도 급격히 바뀌고 있다.

서울대 김난도 교수의 공저인 『트렌드 코리아 2021』에서 펜데믹 위기에 저항하는 전략으로 '멀티 페르소나'를 거론했다. 고대 그리스의 가면극에서 비롯된 페르소나는 현대 심리학에서 타인에게 비치는 또 다른 외적 성격을 가리키는 용어로 쓰인다. 현대문명에서 페르소나는 멀티 페르소나로 진화하고 있다. 현대인들은 빠르게 변화하는 문명체계를 주도적으로 살아내기 위해 때와 장소에 따라 자신을 다양하게 변모시키는 정체성을 복수 개념의 자신(Myselves)으로 새롭게 설정했다.

직장에서와 퇴근 후의 정체성이 다르고, 일상에서와 SNS를 할 때의 정체성이 다르며, SNS도 카카오톡이나 유튜브, 인스타그램에 따라 부계정과 임시계정 등을 두며 자신의 모습을 다르게 적용한다.

김 교수는 이를 필요에 따라 자신의 가면 얼굴을 순식간에 바꾸는 중국의 변검에 비유했다. 60대 베이비붐 세대들의 SNS 감각도 하루가 다르게 발달하고 있지만, 젊은이들의 멀티 페르소나 현상은 노인을 한참 멀리 떼어놓고 자기들끼리 달려간다.

멀티 페르소나 현상은 당연히 소비자의 얼굴과 양심까지 변화시켰다. 골목 시장에서 콩나물값을 깎는 여성이 고가의 백화점 명품을 살 때는 버선발로 달려가 오픈런을 한다. 넥타이를 맨 사무직의 젊은 남성은 근무 중에도 끊임없이 주가를 탐색한다. 젊은 국회의원 김남국은 국회의 중요한 회의 중에 가상화폐를 들여다보면서 이석을 하는 등 돈벌이를 했다며 언론의 질타를 받았다. 앞만 보고 생활한 6, 70대에게 이러한 현상은 도무지 이해할 수 없는 이변이다.

하나의 고유한 주요 인물을 개발하고 유지한 채 정년까지 버티면서 외길 인생을 살았던 기성세대는 다중 캐릭터로 숨 가쁘게 살아가는 젊은 세대를 이해하기가 힘들다. 2023년 그런 기성세대(60년대 생)가 870만 명에 이르고 있으니 문화적으로도 한국 사회는 급속하게 양극화의 고지에 서 있다.

비극은 이미 예고되어 있고 그에 대한 진행과 끝도 결코 아름답지 못할 것이다. 젊은 세대의 멀티 페르소나는 다원성을 확장하고 있지만, 진정한 자아를 찾는 정체성의 고민은 지금부터 시작이다. 이 또한 시대의 고뇌이다.

정치적인 트렌드 역시 바뀌고 있다. 지난 20대 대선을 기점으로 '개딸들'이라는 말이 유행하였다. 대선 국면에서 여성 유권자를 자극하는 발언들이 쏟아지면서 젊은 여성들을 중심으로 이재명 대선후보를 지지하는 커뮤니티를 결성했고. 이들은 자신을 '개딸'(개혁의 딸)이라고 자칭했다.

그 규모가 수십만을 헤아린다고 하니 한국 사회에 처음으로 등장한 매머드급 온라인 여성세력이다. 개딸의 지지 후보에 대한 응원은 선택적 지향점을 갖고 있다. 따지지도 않고 묻지도 않고 무조건 지지하는 것도 아니다. 후보 집단과 대화하고 따져 묻고 개혁하자는 발언을 하며, 때로는 단호한 집단행동에 돌입하기도 한다.

동학혁명처럼 사회적 변혁을 이루어 낼 가능성이 큰 집단으로 성장할 수 있을지는 지켜봐야 할 일이지만, 결코 만만해 보이지 않는 실체를 이루었다는 평가를 받고 있다. 반면에 국힘의 이○○을 따르는 20대 남성들의 정치적 행보는 문화로 이어지지 못하고 대선 이후 점차 소멸하여 가는 느낌이다. 왜 그럴까?

개딸의 성장과 오픈런, 대중문화의 흐름을 장악한 젊은 여성들에게는 공통분모가 작용한다. 자발적이고 진보적이지만 다양성을 공유하는 '디지털 문명의 감수성'이다. 이○○의 남성 커뮤니티가 개딸에게 밀린 것은 '정치적 이데올로기'에 충실하지만, 온라인 문화를 흡수하고 공유하는 감성은 떨어지기 때문이다.

역설적인 비유지만 여성을 상대로 한 디지털 성폭력이 기승을 부리는 것도 역으로 생각하면 여성의 온라인 감수성이 그만큼 빠르다는 것을 반증하는 것이 아닐까 싶다. 우리나라 여성의 수족 감각은 세계적으로 유명하다. 춤과 수영, 올림픽 여자 양궁, 구기 종목, 피겨 스케이팅, 바이올린, 피아노 분야에서 여성들의 활약이 특히 눈부시다. 베를 짜고 김치를 담그던 손맛이 예체능과 SNS 기능으로 전수된 것이 아닌가 싶다.

디지털 온라인 문명의 운영은 선택적이지만 그 자체는 물리적 현상이다. 상대를 가리거나 특별히 남성에게 유리하게 작용하지 않는다. 아날로그 문화와 다른 점이다. 아날로그 시대의 문화는 신석기 시대로부터 삼차 산업의 제조업과 금융업을 거쳐 지금에 이르기까지 남성적이고 보수적인 이데올로기의 영향을 크게 받았다.

아날로그 오프라인의 정치 세계나 전쟁, 농업과 제조업에 이르기까지 남성의 주도권을 보장했다. 현재도 한국 남성의 주민등록번호 뒷자리 머리 숫자는 1로 시작하고 여성은 2로 시작한다(2000년 출생부터 남성은 3, 여성은 4로 넘어간다).

페미니즘의 서사(⊠⊠)

시대가 변했다. 아니, 따지고 보면 아주 멀리 오래전부터 전조 현상이 있었다. 산업혁명을 기점으로 여성이 글을 읽고 저술하며 출판하는 시대가 도래했고, 책이라는 '당대의 디지털 문명'을 타고 영국의 여류 소설가 버지니아 울프가 여성의 독립을 호소하는 『자기만의 방(1920)』을 출간했다.

페미니즘과 모더니즘의 현대문학이 탄생하는 순간이었다. 버지니아는 빅토리아 시대의 여성 차별을 고발했다. 여성의 교육이 폐쇄되고 사회 진출이 제한되는 남성 중심의 문명사회를 비판하면서 여성이 사회·경제·자아의 측면에서 독립을 이루어야 한다고 주장했다. 여성주의의 관점에서 저술된 버지니아 울프의 『자기만의 방』에서 그녀는 질문한다.

“만약 셰익스피어에게 그만큼 재능이 있는 누이동생이 있었다면 무슨 일이 일어났을까?”

소설 속에 주디스라는 이름으로 등장하는 주인공은 오빠 셰익스피어가 라틴어로 책을 읽는 동안 학교에도 가지 못하고 노예처럼 집안일을 한다. 심지어 이웃의 나이 많은 양모 상인에게 시집갈 것을 강요받는다. 가출을 감행한 그녀는 런던의 연극무대를 찾았다. 그러나 그녀는 여자가 배우로 연기하는 것이 금지된 무대에서 남장하고 연기하다가 여성임을 들키자 쫓겨나고 강간당하여 임신한 채 거리에서 자살로 생을 마감한다.

아내를 팔고 사는 관습이 남아있던 당대의 영국에서 재능있는 여자가 집안을 벗어날 때 어떻게 되는가를 설명한 책이 『자기만의 방』이다. 그래서 버지니아는 문학을 통해 여성이 독립하려면 작지만 자기만의 방을 가질 만큼 경제력이 있어야 한다고 역설했다. 버지니아가 한국에 소개된 계기는 의외로 그녀의 문학이 아니었다.

시인 박인환의 시 「목마와 숙녀」에 버지니아 울프의 이름이 등장한다. 필자는 고등학교 시절 이 시를 완벽하게 외워서 낭독하는 한 여고생에게 반해서 그녀와 교제한 적이 있다. 진짜 그녀의 모습이 예쁘고, 똑똑해 보였기 때문이다. 에피소드 삼아 시를 소개한다. 참고로 현대 감각에 맞게 필자가 약간 시의 내용을 수정하여 표기했다.

「목마와 숙녀」

-박인환

한 잔의 술을 마시고 우리는 버지니아 울프의 생애와
목마를 타고 떠난 소녀의 옷자락을 생각한다.
목마는 주인을 버리고 거저 방울 소리만 울리며
가을 속으로 떠났다. 술병에서 별이 떨어진다.
상심한 별은 내 가슴에 가볍게 부서진다.
그러한 잠시 내가 알던 소녀는 정원의 초목 옆에서 자라고,
문학이 죽고 인생이 죽고 사랑의 진리마저 애증의 그림자에 묻힐 때
木馬를 탄 사랑의 사람은 보이지 않는다.
세월은 가고 오는 것
한때는 고립을 피하여 시들어가고
이제 우리는 작별하여야 한다.
술병이 바람에 쓰러지는 소리를 들으며
늙은 여류작가의 눈을 바라보아야 한다.
등대에 불이 보이지 않아도 거저 간직한 페미니즘의 미래를 위하여
우리는 처랑한 木馬 소리를 기억하여야 한다.
모든 것이 떠나든 죽든
거저 가슴에 남은 희미한 의식을 붙잡고
우리는 버지니아 울프의 서러운 이야기를 들어야 한다.

두 개의 바위틈을 지나 靑春을 찾은 뱀과 같이
눈을 뜨고 한 잔의 술을 마셔야 한다.
人生은 외롭지도 않고
거저 잡지(雜誌)의 표지처럼 통속하거늘
한탄할 그 무엇이 무서워서 우리는 떠나는 것일까?
木馬는 하늘에 있고
방울 소리는 귓전에 철렁거리는데
가을바람 소리는 내 쓰러진 술병 속에서 목메어 우는데.

함빡 서러움과 모던함이 느껴지는 이 시를 가수 박인희가 노래하여 대중에게 사랑받았다. 젊은 시절 청춘들은 내남없이 낯선 버지니아 울프의 이름과 페미니즘이란 용어를 입에 담아 아무렇지도 않게 외우고 따라 불렀다.

우리의 현대문화는 버지니아 울프와 함께 시작되었다. 버지니아의 작품이 최초의 현대문학이라는 사실을 안 것은 나중의 일이었다. 지금 다시 읊어보니 감회가 새롭다. 그 시절 흰색 상의에 검정 치마, 갈래머리를 땋았던 내 여자친구는 지금 어디에서 늙어갈까? … 옛 추억에 잠시 샛길을 탔다.

프랑스의 소르본 대학에서 가장 공부를 잘했던 시몬느 드 보부아르는 남성에게 졸업성적 1등을 주는 관행 때문에 장 폴 사르트르에게 1등을 빼앗긴 후 사회에 진출하여 여성 중심의 페미니즘 운동에 앞장섰다.

그녀가 저술한 『제2의 성』(1949)은 여성주의적 실존주의를 설명한 명저로 이후 세계적인 페미니즘의 바이블로 주목받았다. 페미니즘과 여성주의적 실존주의는 '출판'이라는 당대의 진화된 문명의 도구를 이용하여 출현한 것이다.

흰색 피부에 키가 크고 미인이었던 보부아르는 160㎝의 키 작은 사르트르와 계약 결혼 관계를 유지하며 애증의 세월을 보냈다. 그녀는 당대의 지식인이자 연인이었던 사르트르와 평생 치열하게 경쟁하는 것을 마다하지 않았다. 오늘날 비혼 동거의 한국 젊은이들은 그 옛날 보부아르와 사르트르가 자신들의 문화적 선배였다는 사실을 알까 모를까.

버지니아 울프의 『자기만의 방』과 보부아르의 『제2의 성』은 이후 페미니즘 성격의 소설과 시, 희곡, 영화, 음악과 노래 등을 탄생시킨 요람으로 자리매김을 하였다. 고착된 사회 인습이 어떻게 여성의 자유와 성장을 억압하는지 보여 준 헨릭 입센의 『인형의 집』(1879), 남편의 가정폭력에 시달리는 흑인 여성의 삶을 고발하는 영화 「컬러 피플(1986)」이 나왔다.

한국에서도 페미니즘 성격의 영화가 쏟아져 나왔다. 소녀 가장을 그린 영화 「영주(2018)」, 여성을 향한 페미와 메갈 등 남성들의 조롱에 맞선 슬픈 여성 영화 「82년생 김지영(2019)」, N번방 사건을 다룬 「걸캅스(2019)」가 선보였다. 다른 면에서 여성가족부가 있는 만큼 '한국여성의전화' 등 여성 관련 시민단체의 활동도 두드러졌다.

버지니아 울프가 『자기만의 방』을 통해 영국 사회에 여성의 인권을 부르짖은 지 100년이 지났다. 드디어 2016년, 한국에서는 여성 작가 한강의 장편소설 『채식주의자』가 노벨문학상에 버금간다는 맨부커상을 받아 세상을 떠들썩하게 했다. 소설에서 상대방의 다름을 인정하지 않고 다양하게 가해지는 폭력에 대해 맨부커상 선정위원회는 "압축적이고 정교하고 충격적인 소설이 아름다움과 공포의 기묘한 조화를 보여줬다"라고 평했다.

또한, 한강의 소설은 "남성에게 상처 입은 영혼의 고통을 식물적인 상상력과 결합해 섬뜩하고 아름다운 미학을 완성했다"라고 평론가들은 입을 모았다. 욕망, 식물성, 죽음, 존재론을 새로운 시각으로 재단한 그녀의 작품들은 본격적인 페미니즘을 조명했다고 보기는 어렵지만, 분명히 이분법적 여성주의를 뛰어넘어 식물적인 상상력으로 여성의 상처를 치유하며 진화하는 새로운 모습을 선보였다.

버지니아 울프의 여성독립론과 시몬느 드 보부아르의 여성주의적 실존주의가 여성의 차별과 아픔을 드러내는 페미니즘이라면 한강의 작품은 그 상처를 식물 주의적 상상력으로 치유하는 미래지향적 서사라고, 여성 평론가들은 말하고 있다. 나도 그 말에 동의한다.

제6차 지구 대멸종과 남성 대멸종

약 46억 년 전 지구가 탄생한 이래 5차례의 생물 대멸종이 있었다.

약 4억 4,500만 년 전 제1차 오르도비스의 빙하시대에 생물 종의 86%가 멸종했다. 3억 7천만 년 전의 제2차 데본기에 생물 종 75%가 멸종했으며, 대규모 화산폭발이 있었던 2억 5천만 년 전의 제3차 페름기에 생물 종의 96%가 사라졌다.

약 2억 100만 년 전 화산 대폭발로 지구의 판이 재배열되었던 제4차 트라이아스기 대멸종 시기에 80% 생물 종이 소멸하였고, 약 6,600만 년 전 공룡의 시대였던 제5차 백악기 대멸종에서 76%의 생물 종이 멸종했다.

인간 세기라 불리는 현대의 인류세는 인간이 초래한 기후환경의 악화로 제6차 대멸종 시기를 앞두고 있다. 관련 학자들은 이번에 다가올 대멸종에서 99%의 생물 종이 사라질 것으로 내다보고 있다.

지구촌의 인구수는 팽창하고 있다. 2023년 기준 80억 명의 인구는 2050년에 90억 명으로 증가할 예정이다. 매일 10만 명이 기아에 시달리고, 2초에 한 명씩 어린이가 숨진다. 반면 평균 1초마다 4명의 아기가 태어난다. 한국은 저출산으로 소멸할 위기에 놓였지만, 지구 전체의 인구는 폭발하고 있다. 생육하고 번성하는 인간으로 인해 기후환경이 파괴되고 인간이 번성하는 '인간 세기'는 제6차 대멸종 시기를 무섭게 앞당기고 있다.

과학자들은 향후 50년에서 100년 사이에 인간의 멸종을 점치고 있다. 남녀가 결합하여 생육하고 번성한 시간의 끝이 멸종이라니. 물리학자 스티븐 호킹은 숨지기 1년 전, 2017년에 노르웨이의 천체우주과학 축제인 '스타 무스 페스티벌'에서 30년 안에 지구를 떠나야 한다는 지구 탈출설을 발표하여 세상을 놀라게 했다. 지금은 인간 멸종에 대해 아무도 놀라지 않는다. 멸종을 의심하는 사람이 없기 때문이다.

한가하게 지구 멸망을 얘기하자고 말문을 튼 것은 아니다. 현재 진행형인 '남성 대멸종' 시대를 논하자는 것이다. 다섯 차례에 걸친 생물 대멸종에서 공통으로 나타난 현상이 있다. 생물 종에서 가장 강한 집단의 멸종이다.

소형 생물 종이 살아남았지만, 대형어류와 공룡 등은 빠짐없이 사라졌다. 제6차 대멸종에서 인간이 살아남을 확률은 제로라고 과학자들은 입을 모은다. 아마 인간이 지구에서 사라질 날이 반드시 오기는 올 것 같다. 하여 봄꽃은 무상하나니 꽃이 피면 함께 웃고, 꽃이 지면 같이 우는 알뜰한 시간을 더불어 보내기 바란다. 더욱이 인간종 멸종에 앞서서 남성의 대멸종은 이미 시작된 지 오래다.

남성의 근육과 남성 위주의 정치적 입지가 뒷받침되는 제3차산업까지 남자들은 좋았다. 어딜 가든지 남자 판이었다. 가정과 정치, 경제와 종교, 과학계에서 남자의 지위는 확고했다. 그러나 제4차산업 시대가 도래하면서 세상은 디지털 문명으로 굴러가기 시작했고, SNS 문화가 생활 전반에 뿌리를 내리면서 남자들의 지위는 크게 흔들렸다.

근대에 이르러 남자들의 전유물인 '말과 글'의 영역에 버지니아 울프 같은 여류작가들이 나타나자마자 1만 년을 유지해온 남자들의 인간세(人間世)는 삽시간에 아수라장이 펼쳐졌다. 페미니즘적 여성주의가 말과 글, 예술의 길을 타고 무섭게 번져갔다.

2023년 현재 인간세는 아직 남자들이 장악하고 있지만, 여성주의는 대 멸종기의 빙하나 화산처럼 갑자기 다가오고 있는 느낌이다. 강렬한 예감이 후두부를 강타하듯이 말이다.

채집으로 먹고살았던 원시시대는 모성 본능을 지닌 비교적 평화로운 모계사회였다지만(사실 여부는 차치하고), 인구의 증가와 함께 육식과 사냥, 전쟁이 벌어지면서 인간세는 급속하게 부계사회로 전환되었다. 남성들은 정치와 전쟁을 통해 문명을 독점하고 여성을 제2의 성으로 전락시켜 노예화하였으며 세상은 평화롭지 못했다.

하지만 남성주의 서사는 현대에 이르러 AI 로봇 시대를 맞이하여 종말을 고하게 되었고, 우주정거장으로부터 경동시장 스타벅스 카페 1960에 이르기까지 여자 판이 벌어졌다. 남자 측면에서 보면 미래의 예감도 좋지 않다. 남자가 여자에게 권력을 양보하면서 서로 조화를 이루고 평화롭게 공존하는 세상은 절대 오지 않을 것 같다.

여자가 두 인종 중에서 우위를 차지하게 되면 남자는 지난날 여성이 겪었던 차별은 물론이고, 남자가 극단적으로 AI로 대체되는 불운을 맞이하게 될지도 모른다. 남자의 시대였던 과거를 돌아보면 왜 비극이 예고되는지 알 수 있다. 역사는 되풀이되기 마련이다.

러시아의 우크라이나 침공 전쟁에서 새롭게 등장한 공포의 무기는 드론이고, 드론 전쟁은 섬세한 손의 기능을 지닌 여성의 원격 조정에 알맞다. 저출산의 시대에 여자들이 끝내 아이 낳기를 꺼리면 해결 방법은 뻔하다. 남자의 임신과 출산이 의학적으로 불가능한 것이 아니잖은가.

알다시피 종교와 의료윤리 문제만 풀면 수년 내에 남성의 대리모 대중화도 가능하다. 제6차 생물 대멸종을 앞두고 먼저 여성주의가 제2의 성을 제1의 성으로 바꾸는 방향으로 전개될 것이 명약관화(明若觀火)한 현실 앞에서 젊은 남성의 히꼬모리 현상과 초식화에 속도가 붙고 있다.

약간 비약하자면 그 사실을 부정하려고 미국의 트럼프는 그리도 몸부림쳤고, 한국에서는 꼴통 보수 종교인들이 "아니야, ♪아니야, 그것은 거짓말 ♪거짓말이야"라고 부르짖으며 광화문 광장에서 태극기를 흔든 것이 아니었을까. 약발 떨어지듯이 현실감각이 떨어진 것이다. 금단 현상일 뿐이다.

남자의 대멸종을 늦출 방법은 없을까? 미련이 남는다. 방법이 전혀 없는 것은 아닐 것이다. 남성이 여성에게 꼭 필요한 존재가 되는 일이다. 상냥한 마음을 갖고 양성평등을 실천하며 가사를 분담하고 아이를 돌보는 일에 솔선수범하며 요리도 하고 평화로운 마음을 지니면 된다. 여성이 남성에게 뭐 큰 것을 바라겠는가. 그 작은 것도 못 하는 남자들의 마음과 능력이 문제일 것이다(나도 남의 일은 아니지만…).

성은 왜 사회적 문제인가?

남성 대멸종 시대를 예정하면서, 그래도 성이 왜 사회적 문제인가를 따져보는 일은 인류 구원을 향한 모색이다. 사회적이라는 용어는 널리 쓰이고 쉽게 이해하며 동시에 남용하기 일쑤였다. 예를 들어보자.

"성은 자연적이다."

"성은 사회적으로 구성되는 것이다."

선정성(Sexuality)을 설명할 때 성을 자연적·본능적이라고 해석하며 페미니스트들은 '아니다'라고 한다. 그들은 성을 사회적 구성체로 인식한다. 성은 '자연적이며 동시에 사회적이다.'라고 규정하는 것도 참아내지 못한다. 역시 "성은 누구에게나 같고 고정적"이라는 주장도 부정한다. "성은 역사적이며 남녀노소 등의 성, 세대, 계급, 지역에 따라 차이를 보이고, 집단별로 공통점이 있다."라고 해석하는 것을 좋아할지도 모른다.

흔히 섹슈얼은 남녀의 육체적 구분, 남녀의 친밀한 성적 행위를 의미하지만, 페미니스트는 섹스를 성행위, 이성애적 성교로 단정 짓는 것에 이의를 제기한다. 세상의 모든 페미니스트 여성이 섹스와 성의 이분법적 구조를 경직되게 받아들이는 것은 아닐 것이다.

그러나 대체로 선정성의 개념에 대해 성적 느낌과 관계들, 자신을 규정하는 방식뿐 아니라 타인에 의해 성적으로 규정되거나 규정되지 않는 방식까지 포괄되는 흐름도 있음을 부인할 수는 없다.

'성(gender)' 역시 사회적 개념이다. 여성의 피해의식을 제2의 성으로 표현한 것은 여성주의적 관점을 나타내는 성 개념이다. 지난 역사가 그 사실을 증명한다. 1893년 처음으로 여성의 선거권과 피선거권을 획득한 뉴질랜드 여권운동가들은 성 평등 운동을 국제적인 움직임으로 가져갔다. 성 의식의 발로였다.

1900년 중국에서는 청 왕조에 의해 사형을 받은 여권운동가 추근에 의해 여성해방이 모색되었다. 여성의 선거참여는 독일(1918), 미국(1920), 영국(1928), 프랑스(1946), 스위스(1971), 한국(1948) 등 세계적 조류로 이어졌다. 정치 민주화에서 성 평등 문제는 매우 큰 반향을 불러일으켰다. 여성의 자발적인 여성운동의 결과였다.

1916년 미국의 간호사 출신 마거릿 생어는 피임법과 낙태병원을 운영하여 여성보호에 힘썼다는 이유로 감옥에 갇혔고, 미국 인디애나 주립대학 생물학과의 알프레드 킨제이 교수는 남녀의 성 행태를 추적하여 밝힌 「킨제이 보고서」(1948)를 발표하여 처음으로 인간의 다양한 성의 실태를 공개하였으나 교회와 공화당의 매카시 선풍(공화당의 매카시 상원의원이 촉발한 '빨갱이', 공산주의자 척결운동)에 희생물이 되었다.

알프레드 킨제이 교수를 지원했던 록펠러 재단의 연구기금은 끊겼고, 명성은 사회적으로 매장되었다. 남녀의 혼외정사와 소년 소녀들의 자위행위 등 솔직하고 과학적인 성보고서는 당대의 종교적 의식에 큰 충격을 주었다. 엄밀히 말해서 킨제이 보고서 이전에는 여성과 소년들의 자위행위는 인정하지 않았고, 그 자체가 죄악이었다. 킨제이 보고서가 없었다면 사회적으로 성의 무지는 계속되었을 것이다.

마거릿 생어와 킨제이의 고난은 역사적 보편성을 지녔다. 그러한 탄압은 이미 진화론을 써서 창조론을 뒤집어엎은 찰스 다윈(1845)의 예에서 예고된 바가 있다. 다윈은 죽을 때까지 교회와 대중에게 정신병자로 지목되어 조롱거리가 되었고, 부인에게조차 외면을 당했다. 지구는 태양 주위를 돌면서 열과 빛을 받는다고 주장하며 천동설을 부정한 조르다노 부루노 신부는 종교재판을 통해 화형에 처했다.

지동설을 입증한 갈릴레오 갈릴레이 역시 이단을 재판하는 성무청에 감금되어 심판을 받고 자택에 연금되는 신세가 되었다. 다른 얘기이지만 동양 평화론을 주창하며 이토 히로부미를 저격한 대한 독립군 중장 안중근은 사형을 당한 후 해방이 될 때까지 대한제국과 총독부에 의해 테러리스트로 매장당했고, 그의 아내는 언제 어디에서 생을 마감했는지조차 불분명하며, 아들과 딸은 친일파로 종용 되어 비참한 최후를 맞이했다.

한국인에게 가장 존경받는 위인 김구 선생은 해방 정국에서 암살당했다. 정의란 정의로운 사람의 비극을 초래하는 인류적 난제임에 틀림이 없다. 그러나 그들 덕분에 현재의 사회가 진화할 수 있는 발판을 마련한 것은 눈물겨운 일이다.

어쨌든 지구는 돌고 역사는 흘렀다. 중국의 마오쩌둥은 '하늘을 떠받치는 절반은 여성'이라고 발언하면서 중국의 법리적 양성평등을 추진하였고(1950), 미국과 유럽의 젊은이들은 반전운동과 여성해방운동을 통해 '전쟁 대신 사랑'을 외치며 68혁명을 일으켰으며, 뮤지컬 '헤어'와 '우드스톡 페스티벌'에 참여하여 세계의 변화를 모색하였다. 이어 1960년부터 중국과 한국 등에서 산아제한 정책을 펼치며 여성 피임을 보급하기 시작했고, 미국과 유럽에서는 피임약의 도입으로 성 혁명이 일어났다.

성 혁명은 영화와 문학, 뮤지컬과 연극으로 번져갔다. 뉴욕의 크리스토퍼 거리에서 발생한 동성애자 단속 반대시위(1969)는 유럽의 레즈비언, 게이의 인권운동에 영향을 주었고, 장애인의 성적자기 결정권 운동에도 자극을 주었다.

그러나 성 해방은 에이즈의 발견으로 도덕적 타격을 입었다. 록 허드슨을 비롯한 연예인과 운동선수, 심지어 존경받는 성직자에 이르기까지 에이즈 파동은 전 세계를 뒤흔들었다.

「Love of My Life」를 부른 인기가수 프레디 머큐리는 본인이 에이즈 환자였고, 사후에 에이즈 환자를 위한 재단 '피닉스'를 만들어 팬들이 감동하였다. 전 세계 5,000만 명에 달하는 에이즈 환자의 90%는 아프리카를 비롯한 빈곤한 나라의 국민이다.

에이즈는 피임도 성교육도 없는 나라들의 가난 병이기도 하다. 지금은 변화한 모습을 보이지만, 가톨릭 등 종교계는 에이즈를 성 타락이 가져온 천벌로 규정하여 성교육과 피임을 반대하였다. 에이즈를 예방하려면 성교육과 피임을 장려해야 하는데 모순을 불러일으킨 것이다.

페미니즘으로부터 성 혁명, 숨 가쁘게 달려온 성의 역사는 1990년대에 이르러 '사이버 섹스'라는 문명의 충격을 경험하기에 이르렀다. 미국발 온라인 데이트와 사이버 섹스는 국제적 흐름을 형성했고, 생활 전반을 장식한 디지털 문명은 사랑의 아날로그 방식을 초월하게 했다. 감당하기 힘든(특히 남성들) 문화 충격이 가해진 것이다. 성 문제가 공개적인 사회적 의제가 되지 않는 한 난제를 논의하고 풀어가기 힘든 구조가 형성되었다.

"성이 종교와 이데올로기에 갇히게 되면 문제는 더욱 어렵게 된다."

성과 사랑은 현대에 이르기까지 종교와 독재, 왕과 국가의 이데올로기, 1등 인류 남성들의 가부장제에 갇혀서 공론화 자체가 불가능했다. 멀리 갈 것도 없다. 히틀러와 스탈린은 정적을 제거하기 위해 반대파를 무조건 동성애자로 몰아붙여 수만 명을 처형했다.

한국의 극우 꼴통 종교인들이 상대방을 공격할 때 무조건 빨갱이 타령을 하는 것도 이와 유사하다. 그 결과 2등 시민 여성은 더욱 억압받았으며 반대급부로 현대에 이르러 남성의 성은 식물화되어간다. 그래서 문제의 인식을 넓히고 개선하기 위해 성은 사회적 문제이고 '사회적 문제여야' 하는 것이다.

인류는 성을 종교와 국가로부터 해방하여 사회의 공론장으로 끌어내기 위해 수천 년을 기다렸다. 버지니아 울프, 시몬느 드 보부아르, 프로이트와 마거릿 생어, 킨제이 교수가 일생을 바쳐서 성을 사회적 문제로 가져왔다.

성이 사회문제일 때만 과학과 생물학, 공교육과 연계될 수 있다. 성이 사회적 문제로 공인을 받아야만 공교육에서 성교육이 이루어질 수 있고, 그래야만 남녀의 성이 합리적이고 건강하게 교류할 수 있다.

제6차 대멸종 시대를 살아가는 우리 인류가 멸종하는 순간까지 서로 신뢰하고 사랑하기 위해 성은 특정 세력이 독점하지 않고 언제까지나 사회적 문제로 공유해야 한다. 성은 반드시 남자나 여자의 문제가 아니라 우리 모두의 문제여야 한다.

우리나라의 헌법 제20조 2항은 '국교는 인정하지 아니하며, 종교와 정치는 분리한다."라고 명시하고 있다. 종교는 신성하고 권위가 있는 영역이다. 헌법 제20조 2항은 종교가 정치에 개입하지 말라는 뜻이 아니다. 독재자에게 쫓기는 의인을 교회와 사찰이 보호해주는 것도 정치이고, 천주교 정의구현사제단이 정의의 이름으로 나쁜 정권을 규탄하는 것도 정치개입이다.

종교는 정치에 개입할 수 있다. 그러나 국교의 제정일치처럼 군림해서는 안 된다는 의미이다. 종교가 청소년의 성교육을 반대하고 정부의 정당하고 민주적인 공청회를 난장판으로 만드는 등 극단적인 행위를 하는 것은 제정일치의 종교 폭력이다. 종교는 오히려 정의롭고 사회적인 공론의 장을 존중하고 지원해야 할 책무가 있다. 세계경제포럼(WEF) '2022 글로벌 성 격차 보고서'에 따르면 한국의 성 격차는 146개국 중 99위로 매우 저조한 편이지만 헌법대로 실천하면 머지않아 좋은 사회를 이룰 수 있다고 믿는다. 종교가 성을 사회적 문제로 가져가는데 협력하는 모습을 희망한다.

2장

성과 사랑의 탄생

성의 나이테 | 성의 탄생, 바람아 불어라 | 사랑은 이야기, 끝 없는 이야기 길
성은 가장 오래되고 낡은, 가치 있는 빈티지 | 헌법 20조 2항, 종교와 정치는 분리된다

2장. 성과 사랑의 탄생

성의 나이테

인간의 세기에 신화와 설화가 있듯이 성에도 역사가 있다. 46억 년 전 지구가 만들어지고 20억 년이 지나자 지구에는 세포핵이 있는 최초의 세포가 성을 통해 증식한다. 그로 인해 성장과 생식을 하는 유기체가 신진대사를 시작했다. 고고학의 화석 연구 등에 따르면 인간은 세포 하나로부터 시작하여 증식되고 진화한 존재다. 물론 하나님이 태초에 완제품으로 인간을 창조하셨다는 창조론도 종교 안에서는 설득력을 얻는다. 그러니 과학은 창조론을 종교에 맡기고 종교는 진화론을 과학에 맡기는 것이 가장 현명한 방법이다. 그렇지 않으면 과학은 종교에게 여전히 화형을 당할 것이고, 창조론을 믿지 않는 사람은 참살되는 역사를 되풀이할 것이 뻔하기 때문이다.

성에도 나이테가 있다. BC 3000년 북아프리카의 비옥한 나일강 변에 거대한 고대국가 이집트가 세워지고, 오시리스 신과 이시스 여신을 숭배하여 왕인 파라오가 남매끼리 근친 결혼을 하는 종교 혼이 등장한다. 그 무렵 한반도 동굴에는 마늘을 먹고 인간이 된 환웅 신화가 등장하고 신라의 선조는 알에서 부화한다. BC 2000년에서 AD 70년에 유일신 여호와 하나님을 섬기는 유대교가 시작되었고, 이때 모세의 십계명 중, 제7계명에 '간음하지 말라'가 최초의 성적 규정으로 표기했다.

이어 BC 900년 전에서 AD 250년 사이에 메시아 예수가 탄생하고 기독교가 만들어졌으며, 그리스 문명이 세계사의 중심으로 자리 잡았고, 철학자 플라톤이 자기의 선생님이자 인류의 스승인 소크라테스의 가르침을『에로스와 사랑의 아름다움』이란 제목으로 출간하였다.

성의 역사는 로마 시대(BC 250 ~ AD 476)에 이르러 본격적인 법체계와 규범을 갖는다. 로마인들은 부부관계에 이혼과 재혼, 재산분할 등 도덕률을 적용하였다. 로마법은 이후 유럽의 현대법 체계에도 영향을 끼쳤다. 이때 시인 오비디우스가『사랑의 기교』를 출간하고 황제와 귀족을 중심으로 성과 사랑이 인간애의 가장 중요한 가치로 공유되는 문화를 갖게 되었다.

그러나 이변이 일어났다. AD 313년 로마 황제 콘스탄티누스가 기독교를 공인하고 380년에 국교로 정하자 인간중심의 성도덕은 '신 중심의 성 도덕'으로 전환된다. 사도 바울은 엄격한 성 도덕론을 설교하였고, "여자의 표상은 동정녀 마리아이며, 기독교 교리에 입각한 성 모럴로 인해 교리에서 벗어나는 일체의 성 행위는 악마와 섹스하는 마녀로 취급"했다.

이러한 교리는 중세의 마녀사냥으로 번져서 이후 500년 동안 유럽에서 200만 명의 무고한 여성이 마녀로 몰려 처형당하는 끔찍한 비극이 발생했다. 십자군 전쟁은 이교도를 말살하라는 교황의 명령으로 시작되어 수많은 인명을 살상하였고 오늘날 지하드로 불리는 극단적 회교도의 종교전쟁까지 이어진다.

다른 면에서 기독교 신앙은 성 오거스틴 신부의 금욕주의에 힘입어 일부일처제의 도덕적 규범을 만드는 데 일조하기도 했다. 근대에 이르러 노예제를 폐지하는 입장에 서서 인류애에 긍정적인 영향을 끼치기도 했다. 양면이 있다.

한편 AD 200~300년 무렵 인도에서는 힌두교 학자인 바츠야야나가 사랑과 성의 교범이랄 수 있는 「카마수트라」를 저술하여 인도의 젊은이에게 연애 방법을 가르쳤다. 카마수트라에서는 자발적이고 평등한 남녀관계가 성의 기본임을 강조했다.

AD 622년 예언자 무함마드는 이슬람의 교리를 세우며 '섹스는 원칙적으로 죄가 아니다'라고 선언했다. 이슬람교는 무함마드의 영향으로 일부다처제를 도입했지만, 그리스의 학문적 유산을 축적한 아랍 문명답게 8세기에 세계 최초의 대학을 바그다드에 설립하였다.

9세기 경에는 자유로운 영혼의 소유자 셰에라자드가 왕에게 들려주는 성적인 이야기 천일야화 「아라비안나이트」가 지어졌다. AD 645년 일본에서는 성을 존중해야 할 자연 현상으로 보는 신도(神道)가 국교가 되었다. 이들 국가는 '섹스는 원칙적으로 죄가 아니다'라는 성도덕을 수립하였다.

성의 탄생, 바람아 불어라

성(Sexuality)을 사회적 관계망 속에서 이루어지는 사회·역사적 구성물로 본다면 성은 근대적이고 젠더적인 개념이다. 선정성을 불평등한 권력 관계의 산물인 성에 관련된 행위와 태도, 감정이나 욕망, 정체성 등을 포괄하여 이르는 말로 설명한다면 젠더·페미니즘이 성립할 수 있다.

성을 사랑으로 승화하고 인간화의 길로 완성하는 과정은 너무나 지난(至難)한 일이어서 인류는 아직 그 경지에 도달하지 못했다. 그리스 신화를 빌려서 얘기하자면 에로스(eros)는 낭만적이게도 라틴어로 별로부터(desidus)라는 뜻에서 유래했지만, 속뜻은 타자를 향한 갈망·욕망을 뜻한다. 에로스는 길잡이 별처럼 타인을 향한 목표지향적 운명을 지녔다. 사랑은 이기적으로 욕망하는 성질을 갖고 있다.

부연하면 에로스는 카오스(혼돈)에서 나왔고, 전쟁의 신 아레스와 사랑의 신 아프로디테의 아들로 묘사되고 있다. 그 때문에 에로스는 아모르와 큐피드로 문화적 변형을 거쳤다. 아모르는 사랑의 축제이고 큐피드는 현대에 이르러 다소 악의적인 섹스의 화신으로 탐욕과 과다한 욕망의 상징으로 주목받았다.

섹슈얼은 혼돈과 타락, 신비의 영역까지 이어져 심리학자 칼 융은 에로스를 '상처 입은 영혼'으로 표현했을 정도다.

제도와 권력, 부와 편견 심지어 페미니즘조차도 성(性)에는 가혹한 장벽이다. 성을 논한다는 것은 시대적으로 언제나 불경스러운 일이다. 성 이야기가 불경스러울 때, 그 이야기는 흔히 비극으로 귀결된다. 역사와 문학의 맥락이 그 비극성을 입증한다.

금기(Taboo)를 타고넘은 세기의 사건은 그리스 신화의 트로이 전쟁으로부터 시작한다. 신들의 전쟁으로 비화한 파리스의 사과는 미의 여신 아프로디테의 작품이다. 매력적임은 끌림을 낳고 사랑은 질투로 이어진다. 인간과 신이 뒤섞이고 얽혀서 전투하고 모험을 무릅쓰며 함께 대양을 표류하였다. 끌림과 질투, 비극의 문학 일리아드와 오디세이는 그렇게 성의 바람을 타고 탄생하였다.

문학과 역사는 원천적인 끌림의 성을 배태하고 있다. 인류의 성이 중세를 뛰어넘어 근대의 개념을 갖게 된 길목에서 가장 큰 영향을 끼친 것은 자명하게도 프로이트의 정신의학이다. 다윈의 진화론과 프로이트의 성은 근대의 성을 여는 문이었다. 그들 덕분에 근대에 이르러 수없이 많은 문학인이 사랑을 노래할 수 있었다. 예이츠의 시에는 사랑의 강렬함이 담겨있고, 로버트 브라우닝은 부인 엘리자베스와 세상에 둘도 없는 낭만의 시를 지었으며, D.H 로렌스는 성을 주제로 장편소설『채털리 부인의 연인』을 써서 유럽을 발칵 뒤집어 놓았다.

인간은 성적 존재라는 프로이트의 규정은 '본질을 부정하고 존재를 발견'한 현대철학의 기조에도 어울린다. 니체와 사르트르, 라캉의 현대철학은 프로이트의 리비도와 상통한다.「킨제이 보고서」를 쓴 알프레드 킨제이 교수 덕분에 우리는 성생활이라는 현대인의 심신 구조를 성교육으로 발전시킬 수 있었다. 성이 왜 사회·역사·문화의 핵심 주제인지 알 수 있는 대목이다.

한편 만남을 결정짓는 '끌림'은 성의 비밀에 속한다. 사람들은 그동안 끌림의 영역을 큐피드의 화살이나 불교적 억겁의 인연이라고 생각했고, 북유럽의 신화에 등장하는 소울메이트의 신화에서 찾았다. 그러나 최근 뇌과학의 발달로 인해 성적 끌림의 비밀이 하나씩 벗겨지고 있다.

보통 사랑을 시작하는 인간의 대뇌는 공통으로 코르티솔(긴장), 도파민(구애), 노르에피네프린(흥분)의 작용을 겪는다. 좋아하는 사람을 보면 마음 졸이고 긴장감이 팽배한다. 열심히 쫓아다니며 구애를 할 때 도파민이 분출하고, 만날 때마다 흥분되는 가슴은 노르에피네프린으로 가득 찬다. 사랑하는 사람의 가슴은 설레고 대뇌는 미쳐서 펄떡거린다.

신비한 것은 사랑이 떠난 자리에 찾아드는 이별의 쓰라린 과정에서도 인간은 누구나 사랑할 때의 뇌 반응을 복사하듯이 나타낸다. 사랑을 잃은 사람의 뇌는 공통으로 코르티솔(스트레스), 도파민(집착), 노르에피네프린(분노)의 작용을 겪는다. 이별을 겪는 인간은 스트레스로 불면의 밤을 보내고, 과거에 사랑했던 쾌락의 기억에 집착하고, 돌이킬 수 없는 상황으로 인해 혈압이 상승한다.

사랑하고 이별하는 뇌 작용은 서로 다르지 않다. 사랑도 이별도 뇌는 자신의 주인을 애틋하게 격려하고 응원한다. 한편이다. 만남과 이별에서 뇌 작용은 언제나 살길을 찾고 이별 후, 새사람을 만날 수 있는 발판을 마련한다. 뇌과학은 '첫눈에 반한 운명의 사랑'이라는 신화를 깨트렸다.

운명적 사랑은 사랑의 감정이 만들어 낸 환상이며, 문학과 예술은 예나 지금이나 운명적 사랑을 반영하여 노래한다. 뭐 그렇다고 나쁜 것은 아니다. 어쨌든 사랑에 빠지는 것은 유의미한 일이니까.

동서양을 떠나 인간은 자신의 잃어버린 반쪽을 찾아 평생을 헤매는 신화를 갖고 있다. 소울메이트 증후군은 시공을 건너 운명의 짝이 별빛처럼 찾아오는 백마 탄 왕자를 등장시켰다. 진실한 남자를 만나 사랑에 빠지면 사람으로 환생할 수 있다는 조선의 천년 여우 전설, 한국 연애 시리즈의 단골 메뉴로 자주 나타나는, 가난한 여인이 재벌 2세 남자 연인을 만나 개천에서 용이 되는 드라마 역시 소울메이트 환상이다.

어느 날 반짝이는 짝이 나타나 절망에 빠진 자신을 구원하고 행복에 빠진다는 사랑의 운명론은 오랫동안 인간세의 사랑론을 장식했다. 그러나 뇌 과학은 신화를 부정하고 있다. 끌림은 우연이고 우연이 모이면 필연이라는 뇌는 이별조차도 사랑과 같이 자기 주인을 위로하고 용기를 준다는 사실을 입증하고 있다.

신화와 환상이 깨진다는 비극적인 실망을 초래하지만, 진화의 측면에서 인간의 자구적(自救的)인 구애의 노력을 불러일으키는 유용한 측면도 있다. 그런 면에서 여전히 소울메이트 환상 자체를 평가절하할 필요는 없는 것 같기도 하다.

그 때문에 운명적인 사랑을 믿고 상대를 선택하며, 미워지는 시간이 오더라도 사랑은 눈물의 씨앗이라며 천생연분의 억겁 인연을 소중히 여겨 아이 낳고 해로하는 고난의 길을 감내할 수 있으며, 헤어지면 자신의 소울메이트는 따로 있나 보다 하고 새 출발을 할 수 있게 한다.

사람은 언제든 사랑과 이별을 대하는 성적 관념과 편견, 자세가 달라지거나 변화할 때 당황한다. 그래서 필요한 것이 있다면 마음을 열고 배움을 받아들이는 일일 것이다. 자라나는 세대뿐 아니라 연애를 시작하는 젊은이, 아직 사랑을 잘 모르는 성인들이 왜 끊임없이 성과 사랑을 배우고 이해해야 하는지를 성 과학은 설명하고 있다.

성의 본질을 알고 성적 자세에 관해 올바른 존재감을 느끼는 것이야말로 성 평등의 길을 세우는 지름길이다. 연인이나 배우자는 절대 타자이다. 타자에게 사랑을 바라기 전에 자신이 먼저 상대방에게 균형 있는 타자로 서는 것이 중요하다. 왜냐하면, 타자에게 나의 행복과 욕망을 투사하여 바라고 얻으려는 마음이 팽배하면 사랑을 잃을 수 있기 때문이다.

사족이지만 최고의 성적 쾌락을 선물로 받고자 한다면 상대방과 진정한 성 평등을 이루어야 한다고 인도의 카마스투라는 기록하고 있다.

사랑은 이야기, 끝 없는 이야기 길

사랑은 무엇일까?

“사랑이 무어냐고 물으신다면?♪ 눈물의 씨앗이라고 말하겠어요 ♬♪.”

손석 작사 나훈아 노래「사랑은 눈물의 씨앗」의 첫 구절이다. 부인과 자녀와 예정된 왕좌의 자리를 버리고 출가한 석가모니는 지긋지긋한 사랑의 욕망에 대하여 “너무나 괴로워 손톱(爫)으로 머리(冖)를 쥐어뜯고 가슴(心)이 뒤집어진다(夊)”라고 말했다. 우리가 아는 사랑 애(愛) 자가 그 뜻이다.

부처님은 인간사 사랑의 애처로운 길을 눈물의 씨앗으로 규정하여 중생에게 지극한 위로를 보내주셨다. 아마 자신의 고통을 위로한 말이기도 할 것이다. 쇼펜하우어는 상처 입은 자아를 달래며 에세이 『사랑은 없다』를 썼다. 그는 평생 연애에 실패했고, 그 바람에 여성혐오 증세를 보였다고 손가락질당했다.

러시아 출신의 지성과 미모를 겸비한 여류작가 루 살로메를 지독하게 사랑한 니체는 이룰 수 없는 사랑의 분노로 신을 죽이기까지 했다. 그의 역작 『짜라투스트라는 이렇게 말했다』는 눈물겨운 짝사랑의 서사(敍事)나 다름이 없다. 니체의 애절한 사랑은 신보다 강하여 그를 죽이고 인간 주체의 현대철학을 만들었으니 아이러니한 일이다.

사랑은 철학 에센스다. 철학을 뜻하는 필로소피아(Philosophy)는 philo(사랑)와 sophia(지혜)의 합성어다. 철학은 인간이 존재하는 혹은 존재해야 하는 방식과 이유의 근원이 사랑이라고 정의한다. 사랑이야기는 철학 이야기이다. 각국의 건국 신화와 러브스토리는 모성애 혹은 남녀의 성적결합 요소로 구성되었다.

"밤마다 선화공주가 마를 캐는 마동(백제 왕자)을 찾아 동방으로 온다."라는 소문을 퍼트려 선화공주를 궁에서 쫓겨나게 하고 납치하듯 백제로 데려가 혼인을 한 서동요의 배경은 지금 같으면 스토킹 처벌법 위반이다. 그러나 두 사람의 사랑은 서동요라는 이야기를 소문내어 이루어졌다.

신라에 얽힌 이야기는 또 있다. 신라 왕족으로 자신의 가문을 재구조하여 신분 세탁을 하고 싶었던 망국 가야 출신 김유신의 야망은 여동생 문희와 보희의 꿈 이야기로 시작하여 동생 문희와 김춘추의 결합을 정당화시켰다. 문희가 춘추의 아기를 임신했음에도 신분의 격차로 혼인을 미루고 발뺌하는 춘추를 유인하기 위해 유신은 동생 문희를 아비 없는 미혼모로 규정하여 화형 쇼를 전개한다.

삼국유사는 이 참극 쇼를 간파한 여왕이 춘추를 보내 문희를 구하고 혼인을 성사시킴으로써 대미를 장식한다. 춘추와 문희의 혼인은 김유신의 군사력과 김춘추의 정치력이 결합하는 결과로 이어지고, 그 시너지 효과로 삼국통일의 업을 이루는 결말을 갖는다.

러브 스토리는 정치 스토리이고 곧 전쟁 사연이다.

고구려의 평강 공주와 바보 온달의 이야기야말로 정치와 전쟁, 사랑의 극치미를 이룬다. 평강 공주가 울 때마다 "자꾸 울면 바보 온달에게 시집 보낸다"라고 놀린 부왕의 이야기는 은근한 호기심과 사랑의 씨앗이 되었다. 공주는 마침내 온달과 결혼하고 그를 영웅으로 만들었다. 온달은 신라의 아차산성에서 전쟁을 승리로 이끌고 전사했다.

그리고 삼국유사에 비극 서사를 남겼다. 평강 공주가 올 때까지 관은 움직이지 않았고, 마침내 그녀의 손이 관을 어루만지며 위로하자 운구를 허용했다는…, 삼국유사는 두 연인의 눈물겨운 사랑 이야기를 그렇게 담담히 전하고 있다. 어쩌면 신라판 로미오와 줄리엣 같은 러브 스토리이다. 사랑은 눈물의 씨앗이려니.

문학에서도 사랑의 이야기는 비장미를 나타낸다. 로미오와 줄리엣의 비극적 사랑은 미움으로 점철된 몬터규와 캐풀렛 가문의 전쟁에 종지부를 찍는다. 세익스피어가 두 사람의 사랑 이야기를 통하여 하고 싶었던 이야기는 무엇이었을까?

아마 중세 사랑의 페르소나에 종지부를 찍고 싶었던 것은 아니었을까? 로미오와 줄리엣의 이야기는 많은 관습을 남겼다. 로미오는 만날 수 없는 줄리엣을 위해 밤마다 그녀의 창가를 찾아가 사랑의 세레나데를 불렀다. 유럽에서 청혼하는 청년이 사모하는 여성의 집 창가를 찾아가서 노래로 청혼 의사를 전달하고, 오늘날 결혼식마다 불러대는 축가는 로미오의 애타는 그리움의 노래에서 비롯되었다.

사랑 이야기는 안쓰럽다. 다이애나 왕세자비의 결혼과 죽음, 왕세자 찰스의 불륜은 권력의 민낯을 드러내고 사랑의 냉정함을 되돌아보게 하는 이야기를 낳았다. 그 과정에서 원치 않는 결혼을 종용받았던 찰스의 고통이나 뜻하지 않게 소외당한 다이애나의 외로움은 제대로 조명받지 못했다. 오히려 세기의 결혼과 이혼, 이상한 죽음 등 가십거리만 남겼다. 사랑은 모순으로 가득 찬 이야기이기도 하다.

러시아 출신 여류작가 루 살로메를 사랑했던 두 남자 릴케와 니체의 이루지 못한 사랑은 팜므파탈의 신화를 기록했다(살로메에게는 억울하겠지만). 다만 그로 인해 우리는 릴케가 살로메에게 바쳤던 애절한 사랑 시를 감상하고 가끔 그 시를 인용하여 연인을 홀리는 청년들의 이익을 생각한다. 릴케는 애절한 사랑의 시를 살로메에게 바쳤다.

「내 눈을 감기세요」

-릴케

내 눈을 감기세요. 그래도 나는 당신을 볼 수 있습니다.
내 귀를 막으세요. 그래도 나는 당신의 말을 들을 수 있습니다.

발이 없어도 당신에게 갈 수 있고
입이 없어도 당신의 이름을 부를 수 있습니다.
내 팔을 꺾으세요.
그래도 나는 당신을 잡을 것입니다.
손으로 잡듯이 심장으로 잡을 겁니다.
심장을 멎게 하세요.
그러면 뇌가 고동칠 겁니다.
마침내 당신이 나의 뇌에 불을 지르면
그때는 내 피가 흘러 당신을 실어 나르렵니다.

천재 시인 라이너 마리아 릴케는 「내 눈을 감기세요」라는 시를 통해 상트페테르부르크 출신의 루 안드레아스 살로메를 뜨겁게 사랑했고, 당대의 철학자 니체는 젊은 시절에 살로메를 향해 절절한 구혼의 편지를 썼다. 두 사람의 사랑은 모두 실패했고 그들은 절망했다. 이 모든 이야기는 사랑이 어디로부터 오는가를 말해준다.

릴케는 최고의 여성 지식인 살로메를 따라 러시아를 방문하여 그녀의 소개로 톨스토이를 만나 문학적 영감을 얻었다. 릴케는 그녀에게 사랑의 시를 헌사했지만 실연의 아픔을 맛보아야 했다. 물론 무명의 릴케는 살로메 덕분에 유명세를 타서 대중에게 재능있는 시인으로 알려지게 되었으니 손해만 본 것은 아니다. 한편 니체는 살로메에게 집착하여 청혼을 했으나 거절 당하자 은둔의 도피 여행을 감행했고 그 덕분에 그의 철학적 세계는 풍부해졌다.

절망의 밑바닥까지 닿으면 가끔 기적이 일어나는 법이다. 모순에 가득찬 팜므파탈은 문학자와 철학자에게 해를 끼친 것만은 아니다. 두 남자에게 진실을 물어보고 싶은데 다만 방법이 없다.

인류의 세기가 지속되는 한 성은 바람을 타고 인간과 함께 끝까지 달려갈 것이다. 사랑의 역사에는 언제나 엄청난 열정과 비극이 공존한다. 인류가 역사와 신화, 설화에 모순된 사랑의 모습을 담은 이유는 무엇일까? 아마도 인간의 멸망과 구원의 문제가 사랑에 달려있음을 알기 때문일 것이다.

사랑이 철학의 바탕이 되고 종교의 목적이 될 때 인간은 평화로울 것이다. 따뜻한 마음과 열린 가슴으로 사랑을 이해하고 사랑의 이야기를 나눌 수 있는 역사와 문화를 만드는 것, 그것이 존재론의 중심이 될 때 비로소 인간의 길은 '평화로운 사랑 이야기'로 가득 찰 것이다. 인간의 평화는 성과 사랑 이야기로부터 온다. 그 이야기를 언제나 잊지 말았으면 좋겠다. 좋은 날 좋은 만남처럼.

성은 가장 오래되고 가치 있는 빈티지

문명은 남녀가 생육하기 위한 집이고, 문화는 남녀가 번성하기 위한 길이다. 생육과 번성의 기본이 되는 남녀의 성(性)은 인류사에서 가장 오래된 집이고 길이다. 동시에 가장 가치 있는 빈티지(Vintage)이다. 성은 세계사의 변두리가 아니다. 생명의 시작은 곧 성의 기원이다. 우주의 탄생과 생물의 진화에는 성의 나이테가 새겨져 있다.

인도의 황제 샤 자한은 죽은 아내를 잊지 못하여 20년에 걸쳐 그녀를 기리는 궁전 '타지마할'을 건립하였고(AD 1631~1654), 지금도 전 세계에서 타지마할을 배경으로 사진을 찍기 위하여 남녀 관광객이 이곳을 찾는다. 영국의 대니얼 디포는 무인도에 고립된 사내가 흑인 프라이데이와 묘한 관계를 형성하는 『로빈슨 크루소(1719)』를 펴내서 화제를 모았고, 1744년 독일의 요한 볼프강 괴테가 25세에 저술한 『젊은 베르테르의 슬픔』은 수백 명 문학 소년의 모방 자살을 불러일으켰다. 자살한 젊은이의 주머니에서 영락없이 『젊은 베르테르의 슬픔』이 나왔다. 성 문제는 종교를 뛰어넘어 문학에 영향을 주었고, 문학 시대를 도래하게 했다. 사랑의 이야기는 문학을 생성시킨 에너지였다.

여성 편력으로 유명한 이탈리아의 자코모 카사노바는 자칭 프랑스 혁명 정신을 담았다고 주장하는 자전적 저서 『나의 편력(1797)』에서 여성의 욕망은 존중되어야 하며 여성도 만족스러운 성을 경험할 자유가 있다고 역설했다. 재판정에 소환된 백여 명의 피해 여성들은 단 한 명도 카사노바를 범죄자로 증언하지 않았으니, 예나 지금이나 연애에서 자유와 평등이 얼마나 중요한지 실감할 수 있다.

카사노바는 성병으로부터 여성들을 보호하기 위해 돼지 내장을 이용한 콘돔을 개발한 것으로도 명성을 얻었다. 흔히 주변에서 바람둥이 문제가 떠오르면 간혹 카사노바와 동 쥐앙의 차이를 묻는 이들이 있다. 필자도 명확하게 이 두 사람의 차이를 설명하기는 어렵지만, 종합해보면 이렇다. 둘 다 바람둥이지만 카사노바는 수십 명 여자와 연애하면서 한 번에 한 여자만 깊이 사귀었고, 동 쥐앙은 문어발처럼 한 번에 여러 명의 여자와 연애를 했다.

여자들이 왜 카사노바를 법정에서 가해자로 증언하지 않고 두둔했는지 알 수 있는 대목이다. 동 쥐앙은 그냥 재능있는 바람둥이일 뿐이었지 않을까.

1800년부터 시작된 산업혁명으로 인해 평민 대부분은 가난한 노동자로 전락하였고, 성은 노동력 재생산의 수단으로 평가되었다. 영국의 찰스 다윈이 펴낸『종의 기원(1859)』은 창조론을 뒤흔들고 진화론을 등장시켰다. 다윈은 종교계의 공격을 받아 정신증을 앓았고 평생 조롱과 욕설을 들으며 비참한 노후를 보내야 했다. 아내에게조차 조롱과 비난을 받았으니 미칠 만도 했을 것이다.

그러나 현대의 문턱에서 최고의 낭만적 러브스토리를 만든 로버트 브라우닝의 이야기는 모두의 가슴을 설레게 한다. 39세의 무명시인으로 두 권의 시집을 펴낸(1844) 엘리자베스는 낙마 사고로 척추를 다치고 가슴 동맥이 터진 채로 귀족 아버지에게 감금당하다시피 은둔한 상태였는데 편지 한 통을 받는다.

"나는 당신의 시를 온 마음으로 사랑합니다"

6세나 어리지만 널리 알려진 낭만파 시인 로버트 브라우닝에게 온 연서(戀書)였다. 두 사람의 편지질(?)은 570여 통에 이르도록 계속되었고, 마침내 결혼을 반대하는 양가의 눈을 피해 지중해가 내려다보이는 이탈리아 피렌체의 언덕으로 도피하여 결혼에 성공한다. 남편의 극진한 간호와 뜨거운 사랑으로 목숨이 경각에 달렸던 엘리자베스는 아들까지 출산하며 15년을 더 산다.

남편의 품에 안겨서 눈을 감기 전에 엘리자베스는 "아름답다"라는 유언을 남겼다. 로버트는 아내 사후 20년간 독신으로 지내며 여전히 그녀를 추억하고 사랑하는 시를 썼으니 두 시인의 이야기는 19세기를 장식하는 최고의 낭만 이야기다.

지중해의 언덕에서 두 시인 부부가 한창 사랑에 빠졌을 때 로버트 브라우닝이 아내에게 바친 시 한 수를 소개한다.

「파파의 노래」

-로버트 브라우닝

시절은 봄
봄날 아침
아침은 일곱 시
언덕에 이슬방울은 진주처럼 맺히고

종달새는 높이 날고
달팽이는 가시나무 위에 앉았고
신은 하늘 위에 계시니
온 세상은 모두 평화로워라.

사실 한국에서도 로버트 브라우닝과 엘리자베스의 사랑 이야기만큼이나 낭만적인 문학 부부의 러브 스토리가 존재한다. 고향의 봄을 쓴 이원수(1911)와 동시 「오빠 생각」으로 등단한 최순애(1914)의 이야기가 그것이다.

먼저 편지를 보낸 이는 최순애의 시를 읽고 감동을 전한 이원수였다. 두 사람은 얼굴도 모른 채 10년간 편지를 주고받았고, 이원수는 최순애에게 청혼까지 했다. 지금의 수원 화성 근처 과수원집 딸이었던 최순애는 양복 주머니에 빨간 꽃을 꽂고 수원역에서 만나기로 약속한 이원수를 하루종일 기다렸지만 만나지 못했다.

그녀는 나중에 이원수가 독서회 사건으로 일경에게 체포되어 감옥에 갇힌 것을 알았다. 그렇지만 감옥에 있었던 기간 편지는 계속 오갔고 출옥할 때까지 1년을 기다렸다가 마침내 결혼한다. 우리나라 1호 문학인 부부의 사랑 이야기이다.

사족이지만 이원수가 일제의 종용으로 조선인의 징병을 독려한 기고문이 이원수 사후에 발견되어 친일인명사전에 올랐고, 가족들은 국민에게 공개 사과하였다. 시인은 역사의 뒤편으로 사라졌고 시는 남았다. 두 시인의 시를 함께 감상해보자.

「오빠생각」

-최순애

뜸북뜸북 뜸북새 논에서 울고
뻐꾹뻐꾹 뻐꾹새 숲에서 울 제
우리 오빠 말 타고 서울 가시면
비단구두 사가지고 오신다더니

기럭기럭 기러기 북에서 오고
귀뚤귀뚤 귀뚜라미 슬피 울건만
서울 가신 오빠는 소식도 없고
나뭇잎만 우수수 떨어집니다.

「고향의 봄」

-이원수

나의 살던 고향은 꽃피는 산골
복숭아꽃 살구꽃 아기 진달래

울긋불긋 꽃 대궐 차린 동네
그 속에서 놀던 때가 그립습니다.
꽃동네 새동네 나의 옛고향
파란 들 남쪽에서 바람이 불면
냇가에 수양버들 춤추는 동네
그 속에서 놀던 때가 그립습니다.

이원수의 시는 필자의 어린시절 흔히 불렸던 노래이다. 「고향의 봄」은 아름다운 가사와 홍난파가 작곡한 정겨운 리듬으로 많은 국민에게 사랑을 받았다. 국민 동요로 손색이 없었다. 믿거나 말거나 박정희의 군부독재 시절 최순애 시, 박태준 작곡 「오빠 생각」은 금지곡이었다. 기러기가 왜 북에서 오느냐는 시비가 걸렸기 때문이다. 그러고 보니 기러기는 우리나라 최초의 종북 동물이기도 하다. 이데올로기의 탄압을 받는 것은 성과 사랑만이 아니다. 기러기도 종북이란다.

헌법 20조, 종교와 정치는 분리된다

성 문제만 나오면 지구 멸망을 앞둔 사이비 종교인들처럼 입에 거품을 물고 집요하게 비난하는 무리가 있다. 보수 우익을 자처하는 종교인이다.

그들은 청소년 성교육에 관한 글이나 발언에도 민감하게 반응하고 학생 성교육을 아예 폐지하자고 주장하며 성교육 단원을 가르치는 보건 교과서를 불매해야 한다는 공문을 학교에 뿌리고, 보건 교과서를 편찬하는 출판사마다 쫓아다니며 성 관련 단원을 삭제하라고 협박했다. 또한 성 교육자를 빨갱이로 몰아붙이는 반인권적 모습도 보인다.

백인 우월주의의 백호주의자들, 일본의 우익들, 프랑스와 독일의 나치 극우 분자들, 한국의 극단적 보수 종교인들이 그들이다. 그들은 중세부터 그랬고 지금도 그러하며 앞으로도 그럴 것이다.

왜 그럴까? 성령의 계시를 받은 것일까? 특별한 정치적 목적이 있는 것인가? 아니면 돈이 달린 이권의 문제일까? 아마 돈을 벌자는 일인지도 모른다. 그들은 빨갱이를 잡는다며 모금하고, 여성·청소년단체가 운영하는 '청소년 성문화센터'를 자신들이 위탁받아 운영하며 돈벌이하고 종교적 순결교육을 하자는 것인지도 모른다.

성교육을 반대하는 한국의 일부 극단적 보수 개신교 집단은, 그렇다고 해서 성교육 자체를 반대하는 것은 아니다. 국가교육과정에 의한 '학교 성교육'을 반대하는 것이다. 무슨 말일까? 그들은 자신들의 통제하에서 '종교 성교육'을 하고 싶어 한다.

예를 들면 전국에 100여 개 가까운 청소년 성교육단체를 자신들이 가져가서 순결교육 등을 하고 싶어 한다는 지적이 있다. 또한, 전국의 초중고에 성교육 강사로 가서 학생들에게 순결 사탕을 나눠주며 순결교육을 하고 싶어 한다.

그렇게 했던 전례도 있다. 이권이 달린 문제이기에 그렇게들 열심히 쫓아다니며 그런 짓을 하는 것이다. 아무렴 금강산도 식후경이라고 밥그릇이 달린 문제이니 그렇게 열심히 나서는 것이다. 그들은 자신들이 대한민국 헌법 제 20조 2항, '국교는 인정되지 아니하며 종교와 정치는 분리된다'라는 조항을 위반하고 있다는 사실을 모르고 있는 것이 분명하다.

"아버지, 저 사람들을 용서하여 주십시오. 저 사람들은 자기네가 무슨 일을 하는지 알지 못합니다."

자신을 십자가에 매달고 있던 로마 병정과 유대인을 향하여 말씀하신 예수님의 기도(누가23:34)를 그들은 알고 있을까?

그들은 성이 사회적 문제로 떠오르고 논의되는 것을 바라지 않는다. 중세에 성은 종교의 전유물이었다. 기독교는 성을 통제하고 죄악시했으며 이슬람은 여성에게 차도르와 히잡을 강요했다. 성 문제는 종교인의 설교와 지시에 따라야 하는 특정한 사원 내의 주제이기를 바랬다.

다시 말하면 성은 '종교의 문제'이어야 했다. 남성과 다른 인종인 여성의 성을 사제나 남성이 통제하고 종교적 도구로 활용하는 일은 신을 믿는 것보다 더 중요한 문제이기도 했다.

청소년 성교육은 왜 중요한가? 우리나라의 인공임신 중절률은

OECD 국가의 최 상위권이다. 섹스를 경험한 청소년이 '항상 피임'을 하는 경우는 26.5%에 불과하다. 극우 보수의 주장대로 성교육하지 않으면 본인의 자녀부터 위험하다.

동시에 성은 독재의 도구이기도 했다. 영화「다빈치 코드」,「인디애나 존스」에 중세의 신비한 비밀 결사로 등장하는 템플기사단은 청빈과 신앙심으로 가득 찬 존재였지만, 축적된 재산을 탐한 교황 클레멘스 5세와 프랑스 왕 필립 4세가 공모하여 1307년 10월 13일(금) 새벽에 기습' 수천 명을 십자가에 매달아 화형에 처했다.

죄목은 이단과 동성애였다. 역시 성 문제로 모함하고 죄를 뒤집어씌웠다. 물론 당대나 후대에도 그들의 죄는 무고로 인식되었다. 이들의 비극적인 일화는 '13일의 금요일'이라는 전설로 남았다. 기사단의 막대한 재산은 필립 왕이 가로챘고, 클레멘스 교황도 조금 나눠 가졌다.

근대에 이르러 스탈린과 히틀러는 반대파 장교를 동성애자로 누명을 씌워 대규모로 숙청했다. 또, 터무니없게도 성 문제를 들고 나왔다. 고문과 밀고 형식을 빌린 반대파 숙청은 잔인하고 끔찍했으며 상당수의 사람이 재판과정도 생략한 채 총살했다.

루마니아의 독재자 니콜라에 차우셰스쿠는 출산율을 높이기 위해 일체의 피임과 낙태를 금지했다. 위반하면 사형에 처했다. 한 가정당 평균 4명의 자녀를 출산하게 했고, 출산율은 단숨에 두 배로 높아졌다. 그러나 그에 따른 병원과 유치원 등 시설 확충에는 실패하여 고아가 넘쳐나자, 시설에 강제 수용하여 자신의 친위부대로 키웠다.

국가가 성을 독점한 결과였다. 고대와 중세에 이르기까지 성을 어떻게 이용했는지 역사는 증언하고 있다. 이처럼 우리 인류는 이미 독재와 종교가 극단으로 갈 때, 인류가 어떻게 멸종하는지에 관해 뼈아픈 역사적 경험이 있다.

지금의 멕시코 지역에 있었던 아스테카 문명은 기가 막히게 강력한 고대 문명을 이루었지만, 피의 제사로 멸망을 자처했다. 국교인 태양신에게 인간의 피를 제물로 바치기 위해 주변국의 백성을 모조리 잡아다가 제단에 바쳤고, 자국의 시민들은 인육을 나눠 먹기도 했다. 단 하루에 2만 명의 포로를 한 명씩 제단에 눕히고 심장을 도려낸 기록도 있으니 아스텍 주변의 촌락들은 얼마나 두려웠을까? 1519년 고작 200명도 안 되는 스페인 병사에게 수도는 함락하고 왕은 포로로 잡혀서 멸망했다.

피의 제사를 두려워한 백성이 스페인군을 얼마나 반겼을까 상상할 수 있는 일이다. 태양신의 사제가 왕을 통제하고 신정을 펼친 결과 나라는 망했고 민족은 흔적도 없이 흩어졌다. 중세의 마녀사냥도 아스텍의 인신 제사와 조금도 다를 바가 없다. 마녀사냥은 당대의 '종교과학'이었다. 성의 도구화와 사랑의 편견은 가슴 아픈 역사 왜곡을 가져왔다. 성을 도구화하는 이데올로기와 이를 악용하는 독재자, 사랑이 실종된 국가폭력은 그 어느 것보다 잔혹하다.

에마뉘엘 칸트는 1939년 런던 목회 심리학협회 강연에서 목사님들께 간절히 호소했다.

“종교의 진정한 의미와 목적은 개인과 하나님 사이의 관계에 있습니다. 여러분은 제도화된 종교 속에서 삶을 완충장치로 삼아 실재하는 영성을 대체하는 일이 지나치게 많았습니다. 구원은 여러분의 몫이 아니라 개인과 신의 몫입니다.”

종교조차도 사랑보다는 세속적인 목적에 치우쳐 있었음을 칸트는 지적했다. 사랑이 없는 자리에 폭력과 증오가 들어서는 것은 자연스러운 일이다. 그러므로 성과 사랑을 올바로 이해하는 일은 평화를 이루는 투쟁이다.

3장

기독교와 이슬람의 성과 사랑

페르시아 왕자와 아라비아 공주 | 개나 당나귀나 여자

여성 차별 위에 세워진 기독교 문명 | 『총 · 균 · 쇠』를 넘어 성과 사랑으로

3장. 기독교와 이슬람의 성과 사랑

페르시아 왕자와 아라비아 공주

『아라비안나이트』는 셰에라자드의 천일야화다. 이 책은 「신드바드의 모험」, 「알리바바와 40인의 도둑」, 「알라딘과 요술램프」 등 재미있는 내용으로 구성되었다. 셰에라자드는 여자에 대한 증오심으로 첫날밤을 보낸 처녀들을 처형하는 잔혹한 왕 샤리아를에게 1001일 동안 흥미진진한 이야기를 들려주어 비극을 종식한다.

천일야화는 역사 속에 묻혀 있다가 1888년에 이르러 페르시아 지역의 민담으로 알려지기 시작했고, 19세기에 러시아의 니콜라이 림스키코르사코프가 작곡한 관현악 5인조의 모음곡으로 소개되면서 세계적인 명성을 얻었다. 이후 아라비안나이트는 아랍권을 대표하는 고전으로 사람들의 사랑을 받았고, 희곡과 영화로 만들어졌다. 그런데 아라비안나이트가 한국인의 상상력을 자극한 계기는 흥미롭게도 대중가요 덕분이다.

별을 보고 점을 치는 페르시아 王子
눈 감으면 찾아 드는 검은 그림자.
가슴에다 불을 놓고 재를 뿌리는
아라비아 公主는 꿈속의 공주!
오늘 밤도 외로운 밤 별빛이 흐른다.

1950년대 전후(戰後) 국민은 금사향의 「홍콩 아가씨」와 허민 작곡의 「페르시아 왕자」를 애창하며 전쟁의 아픔을 이겨냈다. 노래를 부르는 자들은 꿈속에서 저마다 양탄자를 탄 페르시아 왕자와 아라비아 공주를 만났고, 실업에 지친 중년의 사내들은 목로주점에서 젓가락을 두드리며 페르시아 왕자와 홍콩 아가씨를 함께 불렀다.

페르시아 왕자와 아라비아 공주의 이야기는 1970년대 들어서 고전 아라비안나이트로 초등학생들에게 소개되었고, 때마침 유행하기 시작한 학생 '고전 읽기' 대회의 도서목록에 올라 한국인의 사랑을 받았다(필자도 5, 6학년 때 교육청의 고전 읽기 경연대회에 출전한 추억이 있다). 한국인에게 아랍의 사랑은 낭만의 사랑이었다.

근대의 낭만으로 기억되는 아랍의 사랑이 끔찍한 여성 차별과 미개한 전통으로 한국인에게 각인된 것은 1980년대부터 불어 닥친 여성해방운동과 중동전쟁의 영향이었다. 아프가니스탄과 소말리아 등에서 벌어지고 있는 여성 탄압과 여성 할례는 비극과 공포 자체였고, 이슬람의 율법 샤리아를 빙자한, 이란 등지에서 자행되는 여성 혐오와 명예살인은 성 평등을 모토로 하는 OECD 국가들에게 악의 축으로 평가되었다. 도대체 무엇이 문제였던가?

개나 당나귀나 여자

이슬람의 사랑은 중세의 인권 개념을 반영한다. 동양의 유교와 서양의 기독교, 아랍의 이슬람에서 여성은 재산이나 가축처럼 등가가치로 여겨졌다.

무하마드의 언행록인 『하디스』에는 '기도할 때, 개나 당나귀나 여자가 지나가면 그 기도는 무효'라고 선언하고 있다. 이슬람의 경전 코란 4장에는 '섹스를 거부하는 여자는 때릴 수 있다'라고 해석하고 있다. 하기야 '암탉이 울면 집안이 망한다'라는 유교적 관념이나 '여성은 타락한 성적 존재'라는 기독교의 성 윤리도 피장파장이다.

어릴 때 필자가 들었던 말 중에 '말린 명태와 여자는 때려야 부드러워진다.'라는 말이 아무렇지도 않게 유행했었다. 양성평등이란 용어

자체가 없던 시절이었다.

이슬람의 결혼 계약서인 '디카(Nikah)'를 살펴보면 아내와 이혼하고 싶은 남편은 구두(口頭)로 세 번만 아내에게 이혼을 통보하면 성립한다고 기록하고 있다. 그러나 재가 금지를 국법으로 명시한 조선의 『경국대전』과 달리 이슬람은 이혼당한 여자라도 세 번은 재혼할 수 있는 기회를 주고 있다.

이슬람의 여성탄압은 조선에 비하면 비교적 자비로운 편이다. 기독교의 사도 바울은 '여자의 머리는 남자, 여자는 교회에서 반드시 머리에 베일을 쓰라'라고 명령하였고, 지금도 가톨릭교회는 바울의 지침을 따라 여성 신도의 머리에 베일을 씌우고 있다. 이슬람의 베일은 무함마드의 명령으로 '전쟁터에서 이슬람 여성이 신도임을 표시하여 강간당하지 않도록 베일을 쓰라'고 한 것이니 기독교에 비하면 여성은 인간 대접을 받은 것이라고나 할까?

이슬람은 정략결혼을 포함하여 아홉 번이나 결혼한 무하마드 알리를 정당화시키기 위한 요량인지는 몰라도 남성에게 전쟁 미망인을 다처제로 취하게 하였다. 이슬람은 재혼을 죄악시한 기독교나 겉으로 일부일처제를 표방하지만, 첩을 제도화한 조선의 유교보다는 온정 스러운 면이 있다. 조선은 심지어 병자호란의 피해로 청나라에 끌려갔다가 돌아온 여인을 화냥년(還鄕女)이라고 손가락질하며 자살을 종용했다. 그러한 이중성은 이슬람의 다처제에 비하면 참으로 비겁하고 무책임한 처사였다.

이슬람이 100년 만에 단일종교로 세계 최대 인구를 확보한 배경에는 역사적 과정이 있다. 그리스 멸망 이후 로마는 그리스 학문과 철학을 계승했지만, 기독교를 공인한 AD 313년부터 그리스의 다신교와 철학을 배척했다. 백성은 제정 분리 체제에서 50% 이상의 세금을 교회와 정부에 이중으로 내면서 고통에 시달렸다.

그러한 악행은 중세에 들어서 더욱 심화하였다. 세금은 교회와 정부, 영주에게 징수권을 확대하고, 수입의 70% 이상을 뜯기는 농노제에 백성은 숨이 막혔다. 가까스로 페스트가 휩쓸고 간 유럽은 도시형 중심의 인구 밀집도로 인해 전염병 감염률이 높아서 인구가 1/3로 줄었다. 반면에 아랍지역은 유목형 인구 분산으로 인해 흑사병이 비껴갔고 백성을 유지하면서 사막으로 새로운 실크로드를 형성하여 경제 번영을 누렸다.

더욱이 제정일치의 이슬람은 칼리프(이슬람 세계의 최고 지도자)가 통치체제를 유연하게 운영했다. 이슬람으로 개종하는 정복지의 이교도에겐 인두세 10%만을 세금으로 책정하고, 이슬람으로 개종하지 않고 자신의 종교를 고집하는 이교도에게는 25%의 세금을 부여했다. 누이 좋고 매부 좋은 정책으로 인해 이슬람은 백성에게 환대 받았고, 백성은 세금을 줄이기 위해 앞다투어 개종하다 보니 삽시간에 이슬람 인구가 늘어났다.

동로마 콘스탄티노플의 멸망 이후, 중세기로 접어들면서 유럽의 기독교는 그리스 철학과 학문을 폐기했지만, 이슬람 아랍은 그리스 학문을 계승하였다. 세계 최초의 대학과 도서관이 이슬람 지역에 세워지고, 그리스 문헌과 학문이 현대까지 전해진 것은 이슬람 덕분이다.

다만 이슬람은 기독교와 유교가 여성의 인권을 인정하고 변화를 수용한 것과 달리 현대에 이르기까지 근본주의적 여성주의를 고수하여 문명의 퇴행을 자초하였다. 여성 할례나 매매혼, 명예 살인, 여성 취업 제한, 부르카 강제 착용 등은 지구촌의 공분을 자아냈다. 이슬람은 중세에 십자군 전쟁으로 인해 자신들의 땅이 유린당하고 백성이 학살당하는 수난을 겪었고, 근대에는 영국과 유럽 국가에 의해 영토가 분할되고 이간질로 분열하면서 종교전쟁 지하드를 선포하였다.

그 결과 복수심에 젖은 지하드 전쟁은 테러와 인질극으로 점철되었다. 엉뚱하게도 내부적으로 자신들의 여성에게 분풀이했다. 이는 마치 조선이 청나라의 침략으로 빚어진 병자호란의 복수를, 인질로 끌려갔던 조선의 여성들을 화냥년(還鄕女)이라고 손가락질하며 자살을 종용한 변태적 자학과 비슷하다고 할 수 있다. 빛나던 이슬람 문명은 이로 인해 여성 탄압의 찌질한 극단적인 종교 국가로 자리 잡았다.

지금, 세계의 이목이 쏠린 러시아의 우크라이나 침략전쟁에서 빛나는 존재는 6만 명에 달하는 우크라이나 여군이다. 전쟁터에서 그녀들은 의료, 군수, 전투에 종사하며 재블린 미사일과 저격수, 탱크 병 등으로 활약하며 최전선의 보루가 되고 있다.

개신교, 우크라이나 정교, 가톨릭으로 구성된 우크라이나의 종교자유가 여성의 전투 참여를 허용하고 있다. 그로 인해 그녀들이 조국을 구하는 현장에 참여하고 있다. 만약 이슬람이 국교였다면 이러한 개방성은 상상도 못 할 일이다. 이슬람 세계는 여성 인권을 존중하고 여성의 권리를 보장하지 않는 한 영원히 지구촌의 골칫거리로 남아 천덕꾸러기 신세를 면하지 못할 것이다.

알라신이 살아있다면 땅을 치고 통곡할 일이다. 이슬람교도가 부디 이 악순환에서 벗어나게 되기를 기원한다.

여성 차별 위에 세워진 기독교 문명

근세 이후 『총·균·쇠(재레드 다이아몬드, 1997)』로 알려진 유럽 문명이 발달하면서 문명사의 주도권은 아랍에서 다시 유럽으로 환원되었으니 역사의 장난은 얄궂다.

성의 역사에서 기독교의 여성 차별은 고대와 중세의 영향을 받았지만, 경국대전처럼 구체적인 종교 규범으로 명문화한 배경에는 사도 바울과 성(聖) 오거스틴의 영향이 크다는 지적이 나온다.

바울은 여성을 가부장의 소유로 단정하였고 여성과 성관계를 하는 것을 음욕의 문제로 생각하였다. 남성에게는 믿음이 좋으면 혼자 살고 욕정을 참지 못할 것 같으면 결혼하라고 권유하고 있다. 에덴동산에서 뱀의 유혹에 넘어가 아담을 타락시킨 더러운 존재로 여성을 규정하고 있다는 추측이 든다.

성 오거스틴은 성을 죄악시하여 금욕을 강조하였지만, 그 자신은 젊은 날 섹스에 빠져서 할 짓은 다 했다. 집안일을 돕는 여성을 임신시키고 많은 여인과 동침했다. 프리섹스 주의자인 오거스틴은 어머니 모니카의 간절한 기도로 갑자기 회심한 후 '성(聖) 오거스틴'이 되었지만, 자신이 즐겼던 성에 대하여 세상의 모든 남자가 누려서는 안 된다고 선을 그었다.

로마의 기독교가 독선적이고 배타적인 종교로 그리고 여성 차별로 점철된 배경에 바울과 오거스틴의 역할이 결정적이었다는 사실은 성경 신약과 기독교 역사에서 빼곡하게 기록하고 있다. 왜 그랬을까? 이는 스스로가 세운 기독교 정파의 세력을 확장하고 돋보이게 하는 전략으로 여성 차별이 유효했기 때문이다.

새로 부상하는 종교집단이나 국가가 여성 차별을 정치적 선명성의 신조로 내세우는 것은 매우 흔한 일이다. 조선을 건국할 때 이성계와 정도전은 국교를 불교에서 유교로 바꾸며 그 핵심을 여성 차별로 두었다. 사회적 약자인 여성을 남성우월주의 희생물로 내어주면서 민심을 수습하였고, 자신들은 선명한 도덕주의자로 포장하였다. 그러한 사기극에 사회적 약자인 여성을 비극으로 내몰고 탄압하는 것이야말로 정치적으로 효과를 본 것이다.

그러므로 이슬람 무함마드의 다처제와 유교의 여성 폄하, 기독교의 성차별은 여성탄압의 무덤 위에 세워진 표상이라고 역사가들은 말한다. 인간의 두 성별 중에 약한 성별인 여성을 때리는 것이 자신들의 권력을 공고히 하는 데 유리했다.

전쟁도 이와 비슷하다. 국방력 세계 제2위인 러시아가 1위인 미국과 한판 붙지 않고 30위인 우크라이나를 조져버린 것도 그게 자국의 이익을 도모하는데 쉽기 때문이다. 그러나 강자는 스스로 망하고 약자는 위로를 받아 다시 일어나는 것이 정의다. 러시아의 패망은 자만심과 이기심이 불러온 자멸이다.

정의를 짓밟으면서 광주시민을 학살하고 그 핏값으로 군부정권을 세운 전두환의 캐치프레이즈는 '정의사회 구현'이었다. 도저히 눈 씻고 찾아봐도 모든 정치에서 민주주의와 인민이 부재한 독재국가 북한의 국명은 '조선민주주의인민공화국'이다.

붕어빵에는 붕어가 없다. '대개 인간 문명의 본질이 그러한 것이라고…, 호모사피엔스는 뒷담화와 속이기를 통해 생존해왔다고….' 히브리 대학의 미래학자 유발 하라리는 말하고 있다. 나도 그 말에 동의한다.

여담이지만 아마 천국이 존재한다면 그곳에서도 영혼의 페미니즘 투쟁은 계속될 것이지 싶다. 천국이라고 해서 여성 차별이 해소되는 것은 아닐 것이다. 기독교의 하나님은 '아버지'이시니 천국도 여전히 가부장 세계일 것이다. 이슬람 무함마드의 전승록인 『하디스』에는 지하드 전사들이 낙원에 가면 72명의 처녀가 기다리고 있고, 그녀들을 마음대로 해도 된다고 기록되어 있다. 어디에도 72명의 총각이 기다린다는 구절은 없다.

아무리 생각해도 '여자를 위한 천국'은 존재할까? 하는 의문이 든다. 그러니 여자는 죽어 낙원에 가도 차별을 위해 투쟁해야 할 과제가 남아있는 것이다. 다만 북유럽 바이킹 신화의 낙원인 '발할라'에는 전설적인 여전사 발키리의 동무들이 밤마다 축제를 벌이며 놀고 있다고 하니, 천국이나 낙원보다는 '발할라'에 관해 호기심이 동하는 남성이 있다면 알아둘 것이 있다. 그곳 또한 전투에 자신이 있어야 한다. 그렇지 않으면 발도 붙이지 못할 것이다.

『총 · 균 · 쇠』를 넘어 성과 사랑으로

서울대 학생을 대상으로 가장 많이 읽은 책을 조사할 때마다 빠짐없이 1위를 차지하는 도서는 재레드 다이아몬드의 『총·균·쇠』이다. 유라시아 문명이 세계를 지배한 배경에 지리적 여건과 근대성이 작용했다고 주장하는 『총·균·쇠』는 문명의 교집합. 즉, 개방과 교류가 얼마나 중요한지 역설하고 있다.

문명 전쟁에서 기독교가 유교와 이슬람을 이긴 것 역시 『총·균· 쇠』의 논리와 무관치 않다. 이는 다윈의 진화론에서 드러나듯, 생존에서 진화하지 못한 생물은 퇴행한다는 논리와 맥락이 닿아있다.

오늘날 이슬람 수피즘(신비주의)의 '오직 알라만이 있고 알라 외에 다른 신은 없다'라는 사상은 그 속뜻이야 어쨌든 아랍인을 언제든 퇴행의 과거로 불러들인다. 강력한 이슬람 율법 샤리아를 신봉하는 이란과 아프가니스탄의 탈레반은 국민을 무함마드의 중세기로 묶어두고 있다. 대체로 이슬람 국가의 폐쇄성은 정도의 차이가 있을 뿐 대동소이하다.

그에 반해 기독교는 유럽을 중심으로 발전하면서 풍부한 농업자원을 활용하여 경제 규모를 확대하고 교역을 활성화했다. 페스트에 시달리면서 균을 극복할 수 있는 의학을 발달시켰다. 영국과 독일, 프랑스에서 국가적으로 날카로운 제철 사업을 일으켜 대량으로 무기를 생산하고, 식민지 정복의 경쟁에 뛰어들었다.

그 과정에서 유럽은 후발주자이지만, 초강대국인 미국과 연대하여 세계를 지배하게 되었다. 처음에는 기독교 선교사들이 무기와 깃발을 들고 지구촌 곳곳을 누볐고, 후반기에는 좋은 기독교인이 중심이 되어 노예제 폐지를 주도했으며, 다음에는 군인이 침략전쟁을 벌였고, 1970년대부터는 평화봉사단이라는 이름으로 미국과 유럽의 젊은이들이 팍스 아메리카의 꿈을 후진국에 펴 날랐다.

그들은 진화하고 개방했으며, 현대철학을 통해 신 중심의 세계를 인간중심의 세계로 재편했다. 독일의 목사들과 영국 성공회의 신부들은 공무원 신분으로 국민의 정신교육을 담당했고, 미국의 목회자들은 '오직 하나님만이 있고 하나님 외에 다른 신은 없다'라고 외치면서도 사회적 융합을 모색하고 생활목회에 충실했다. 기독교의 유연하고 개방적인 태도는 현대문명의 성격과 잘 맞았다.

미국과 유럽의 기독교는 『총·균·쇠』의 원리대로 다른 문명을 수용하고 종교를 약간 개방하였다. 기독교에 민주주의와 자본주의를 끌어들였고 전통적인 교리를 현대철학에 맞게 진화시켰다. 지금도 기독교가 국교인 독일, 성공회가 국교인 영국이 어떻게 자신들의 종교를 개방하고 변화시켰는지 눈여겨보면 알 수 있는 문제다.

유교는 공산주의와 자본주의에 밀려서 흔적조차 찾기 힘들었지만, 권위주의적이고 이중적인 페르소나로 아시아인의 생활주기에 깊이 스며들어 있다.

얼마 전 한국의 극보수 기독교단체들이 주도한 서울시 의회의 '순결조례안' 시안(2023.02.01. 관련 보도 등)에는 '성관계는 혼인 안에서만 이루어져야 한다.'라는 조항이 중심을 이루었다. 목사님은 건강한 가정을 지키기 위한 '서울시 학교 구성원 성·생명윤리규범조례안'이라고 자부하고 있지만, 이 조례안의 가장 큰 문제는 성 윤리의 퇴행에 있다.

혼인 밖에서 이루어지는 연애와 동거 등의 성 행위와 사랑에 대해서는 죄악시한다는 뜻이다. 결혼하지 않고 사랑하는 사람은 다 패 죽여야 한다는 말인가. 유럽의 기독교 국가들이 비혼 동거를 가족으로 인정하여 경제적 지원을 결혼 부부와 동등하게 적용하는 현대사회에서 한국의 일부 보수 기독교는 반문명의 퇴행 현상을 보인 것이다.

이 조례안의 이면에는 중세기의 어둡고 더러운 종교 패권 그림자가 어른거린다. 부디 이 조례안을 제안한 분의 자제가 이 그물에 포획되어 지옥에 가는 일이 없기를 바랄 뿐이다. 빈민을 구제하고 사회 선도자인 한국 기독교가 어쩌다 이슬람처럼 수구적인 종교 관행을 따라가는지 의문스럽다. 안타까운 일이다.

그러니 한국의 기독교 역시 올바르고 훌륭한 목회자가 주도권을 잡아야 한다는 의견이 나오는 것이다. 사이비 이단 같은 퇴행적 목회자와 신도가 계속 기독교의 얼굴에 먹칠하지 않게 하려면 말이다.

이처럼 우리는 청소년에게 성과 사랑을 가르칠 때, 일정 부분 이슬람 신도와 결혼하면 겪을 다처제의 진실과 이혼하면 아이는 무조건 남편의 소유이고 개종하지 않으면 배우자의 국적을 취득할 수 없다는 것을 확인시켜줄 수밖에 없다. 성과 사랑을 원천적으로 부정하고 성 평등을 도외시하는 종교에는 미래가 없다.

어떤 종교든 그 종교성을 무시하거나 공격하는 행위는 배제되어야 하지만, 성을 죄악시하고 남녀의 사랑을 부정하는 종교와 종교성은 있는 그대로 밝혀지고 비판받아야 한다. 페르시아 왕자와 아라비아 공주는 꿈속의 사랑, 인류의 마지막 목표는 온 세상을 증오의 『총·균·쇠』가 지배하게 하는 것이 아니라 오직 사랑으로 채우는 일이다.

4장

현대 해방된 사랑

그때가 그리운 건지, 그대가 그리운 건지 | 세기의 사건들, 피로 물든 사랑 역사
전쟁 대신 사랑을, Make Love Not War | 현대 기준으로 본 성적 건강

4장. 현대
해방된 사랑

그때가 그리운 건지, 그대가 그리운 건지

연애 속에 결혼이 있고 결혼 속에 연애가 있는 이야기, 왕가위 감독의 「화양연화」는 남 주인공 차우(양조위)와 여 주인공 수리첸(장만옥)의 불륜과 연애가 어우러진 멜로영화다. 서로의 배우자가 불륜을 저지르고 있음을 안 두 사람은 정보교환(?)을 빙자하여 만나 사랑의 감정으로 이어진다. 서로를 바라보는 시선 속에서 연애의 감정은 깊어지고 이루어지기 어려운 사랑은 이별을 예고한다.

영화 「화양연화(和樣年華)」는 글자 그대로 '인생에서 가장 아름다우면서 가장 슬펐던 시간'을 만들어낸다. 양조위와 장만옥의 속 깊은 연기 덕분에 우리는 저마다 달콤하면서도 슬픈 사랑의 한때를 회상하면서 '그때'가 그리운 것인지 '그대'가 그리운 것인지 감상에 젖는다.

박찬욱 감독의 「헤어질 결심」에서 형사역인 장해준(박해일)은 아내 정안(이정현)과 헤어질 결심을 하는 것인지 범인역 송서리(탕웨이)와 헤어질 마음인지 스스로 알 수 없어 한다. 남편 연쇄 살해범 용의자인 탕웨이는 자신을 쫓는 형사 반장 박해일을 사랑하고 박해일 역시 범인으로 확신이 드는 탕웨이를 연모한다. 그 감정은 모순적이다.

정훈희와 송창식이 어우러져 부르는 헤어질 결심의 OST에서 안개는 박해일과 탕웨이의 안타까운 시선을 함빡 드러낸다. 「화양연화」의 연애는 가슴이 아프고, 「헤어질 결심」의 사랑은 머리가 아프다. 연애하면 가슴이 아프고 결혼하면 머리가 아프다. 왜 그런 것인지 따지는 일 역시 허망한 일이다.

나카에 이사무 감독의 「냉정과 열정 사이」에서 같은 장면을 주인공 준세이와 아오이의 시선으로 각각 오버랩시키는 연작영화 기법을 썼다. 통속적인 내용이지만 두 사람의 사랑은 연애와 결혼, 다른 이성의 결합 등 모든 관계의 그물망을 뚫고 성공에 이르는 길을 보여준다. 준세이와 아오이는 첫사랑의 강렬함에도 불구하고 헤어진다.

준세이 부친의 음모로 가난한 처녀였던 아오이는 임신과 중절을 숨긴 채 준세이와 뜻하지 않게 헤어지고, 아오이를 잊지 못하는 준세이는 유명한 화가였던 할아버지의 대를 잇는 대신 복원 화가가 되어 아오이가 떠나간 이탈리아로 유학을 떠난다. 두 사람의 사랑은 찢어진 원작 그림을 복원하듯이 과거에서 현재로, 현재에서 과거로 오가며 엇갈린 사랑을 복원하는 과정을 보여준다.

OST는 장중하고 슬픈 감정으로 가득 차 있다. 그러나 현악 4중주로 연주된 OST는 두 사람이 나누는 첫 키스의 달콤함과 피렌체의 두오모 성당의 재회를 봄날처럼 날려준다. 영화 「냉정과 열정 사이」는 「화양연화」에서 느껴지는 윤리 감정이나 「헤어질 결심」에서 보여주는 제도의 한계를 명확하게 뛰어넘는 무색무취한 사랑의 완성을 묘사하고 있다.

오래된 아날로그 방식의 영화 「냉정과 열정 사이」가 가장 현대적인 사랑의 해방감을 선사하고 있는 것은 우연이 아니다. 국교는 아니지만 800만 명의 신도를 가진 일본의 대표적인 종교 「신도」에는 선악과 죄의식이 옮다. 신에 의한 구원이나 소울메이트 증후군 같은 것도 없다. 성에 대한 욕망과 갈증, 그것을 찾아 나서는 것을 사랑의 본질로 본다. 이 영화에는 종교 신도의 '존재론적 성의 갈증'이 담겨있다.

성은 물리적이고 사랑은 보편적이라는 관점에서 보면 준세이의 성과 사랑은 아오이를 향한 물리적 갈망과 우연히 이루어진 사랑의 결론이 있을 뿐이다. 무라카미 하루키의 소설 『상실의 시대』, 『노르웨이의 숲』에는 준세이와 유사한 주인공 캐릭터가 등장한다. 다분히 '일본다운, 일본인스러운' 일이다.

중국과 한국, 일본의 영화를 통해 사랑의 갈등을 조명해보았다. 뭐가 좋은지는 독자들이 판단할 부분이다.

흔히 남녀 관계의 사랑을 정의할 때 '미켈란젤로 현상'과 '피그말리온 효과'를 예로 든다. 중세도시 피렌체가 제공한 대리석 앞에서 미켈란젤로는 돌 속의 작품을 발견한다. 돌을 돌로 보지 않고 인격으로 본 것이다. 돌과 대화하면서 벌인 3년 간의 창작은 피렌체의 독립과 자유를 상징하는 다비드상으로 태어났다.

상대방의 긍정적인 면을 발견하고 상호작용을 통하여 상대의 매력을 끌어내는 사랑이 미켈란젤로 현상이다.

그리스 키프로스의 왕이었던 피그말리온은 갈라테이아라고 이름 붙인 소녀의 상아 조각상을 연모하고 사랑한다. 그는 날마다 상아 조각상에 자신이 갈망하는 '완벽한 이상적 연인'을 불어넣었고, 마침내 조각상은 이상형으로 그리던 소녀로 환생하였다. 일견 아름다운 사랑인 것처럼 보일지 몰라도 피그말리온의 사랑은 자신의 욕구만을 일방적으로 반영한 '중독적 투사 현상'으로 진단할 수 있다.

중독은 열정과 불안이 수시로 교차하는 불안한 감정이다. 「헤어질 결심」에서 주인공의 연모는 투사적 중독 현상을 나타내고, 「화양연화」의 차우와 수리첸은 미켈란젤로의 상호작용을 반영하고 있지만 끝내 제도의 벽을 넘지 못하였으며, 「냉정과 열정 사이」의 준세이와 아오이는 오직 사랑만을 위해 성 윤리와 도덕에 구애받지 않았다.

현대의 해방된 사랑은 어찌해야 할까? 답은 어디에 있을까? 역시 결혼을 생각하면 머리가 아프고 사랑을 생각하면 가슴이 아프다.

세기의 사건들, 피로 물든 사랑 역사

현대의 사랑은 '해방된 사랑'이 아니고 '해방한 사랑'이다. 소설 속 『로미오와 줄리엣』이 가문으로부터 해방한 사랑이라면, 평생 계약 결혼의 비결혼 부부로 살아간 사르트르와 보부아르의 사랑은 결혼이라는 '관계로부터'의 해방을 추구했다. 스탕달은 그의 화제작 『연애론』에서 유혹과 관능, 과장된 열정, 자기중심적 사랑을 탈피한 유머와 지성의 태도로 관계 맺기를 하는 연애의 기술을 권장하였다.

첫 현대소설로 평가되는 『나만의 방』의 저자 버지니아 울프는 여성이 성 평등을 얻기 위하여 여성의 경제적 독립이 필요하다고 역설했다. 이들의 사고와 행동은 현대의 해방된 사랑의 서곡이나 다름이 없다. 과거와 현재를 망라하고 '사람'은 제도의 산물로 규정하고 있다. 현대의 사랑이 비교적 인권 친화적 제도의 규범으로 성립되기에는 긴 시간이 필요했다. '사랑' 역시 제도의 산물이기 때문이다.

영국 왕 헨리 8세의 강철 통치로 당대의 재상이자 『유토피아』의 저자인 토머스 모어는 끝까지 국왕의 재혼을 반대하여 노여움을 산 탓에 단두대의 이슬로 사라졌다. 헨리 8세는 이혼문제로 로마 교황청과 대립하다가 영국 국교회인 성공회를 설립했다. 자신의 결혼을 위해 강행한 것이지만 외적으로는 사랑이 종교를 이기고 새로운 종교를 만들어낸 것이다.

헨리 8세는 1527년 앤 불린과 결혼하기 위해 왕비 캐서린과 이혼하려고 했으나 교황 클레멘스 7세는 이를 거부했다. 이 사건으로 헨리 8세는 로마와 결별하고 영국 국교회인 성공회를 설립하며 종교개혁을 단행했다. 헨리 8세의 행위에서 왕권과 신권의 대립이라는 세기의 대결을 걷어내면 남녀의 사랑이 얼마나 큰 문제인지를 엿볼 수 있다.

조선이라는 나라가 성리학의 유교에 빠져서 임진왜란의 전화에 불타는 고루한 시절에 헨리 8세는 세상천지를 뒤엎는 탈(脫) 가톨릭 세상을 만들었다. 그것도 자신의 재혼문제로 말이다. 중세의 이 사건은 이유야 어쨌든 인류 역사상 최초로 사랑의 문제를 종교로부터 해방한 것으로 간주할 수 있다. 현대의 자유로운 사랑을 위한 전주곡이었던 셈이다.

오늘날, 우습게도 헨리 8세의 덕을 보는 지도자가 있다. 미성년 학생과 사랑을 나누고 결혼까지 한 신부는 마크롱 대통령과 고교 시절 사제지간이었다. 15세 마크롱은 24살 연상인 선생님 브리지트와 사랑을 이루었다. 한국이었다면 브리지트는 결혼식장 대신 기어이 감옥에 보내졌을 것이다.

중국의 시진핑 주석은 첫 부인 커링링과 이혼하고 가수 펑리위안과 재혼했다. 한국이었다면 이혼과 재혼의 구설수로 실각했을 수도 있다. 독재자 푸틴은 첫 부인 류드밀라를 비롯하여 미스 유니버스인 표도로바(당시 24세), 31살 연하인 알리나 카바예바 등 여러 여인을 두고 있다. 싸가지가 없는 독재자의 여성 편력이다. 한국에서라면 탄핵

당하였을 것이다.

이루 헤아릴 수 없는 국가 지도자가 자유롭게 성을 누리며 살고 있다. 그러나 독재자들의 사랑이 현대의 사랑을 상징하지는 않는다. 현대 민주주의와 자본주의가 어떻게 사랑에 영향을 끼쳤는지 살펴보아야 한다.

전쟁 대신 사랑을, Make Love Not War

1960년대 베트남전 반대를 기점으로 미국과 서구에서는 젊은이들이 거센 반전운동을 일으키며 부모세대의 이기적이고 패권주의적인 사고를 비판하고 부정했다. 그들은 새로운 해방문화를 형성하는 68혁명을 일으켰다.

젊은이들은 장발과 미니스커트를 유행시켰고, 공공장소에서 남녀가 키스하는 등 애정 행위를 만끽했다. 영국의 비틀스와 롤링 스톤스(The Rolling Stones)는 반전과 평화, 자유와 연애를 노래했고 청년들은 열광했다.

중세로부터 이어 온 권위주의적인 사고와 제도가 젊은이들의 항거로 무너지기 시작했다. 미국과 유럽에서는 히피 문화를 상징하는 플라워 파워가 넘실댔다. 1969년 미국의 우드스톡에서는 100만 명의 젊은이들이 '전쟁 대신 사랑'이라는 구호를 기치로 내걸고 '우드스톡 페스티벌'을 감행했다.

1972년 베트남전의 종식은 청년들의 반전운동이 이루어낸 결과였다. 1980년 40세의 나이로 암살당한 존 레넌의 솔로곡 「이매진(Imagine)」에 담긴 평화의 염원은 모든 세계 젊은이들의 희망곡이 되었다. 존 레넌의 부인 오노 요코는 존의 솔로곡에서 나오는 모든 수익금을 국제사면위원회에 기부하였다. 현대의 해방된 사랑은 혁명과 피의 대가로 이루어졌다.

젊은이의 열정은 어디에서 비롯되는 것일까? 아마 지랄에서 비롯되었을 것이다?

화학 용어에 질량보존의 법칙이 있다. 화학반응 전후에서 반응한 물질의 총질량과 생성물질의 총질량은 같다는 뜻이다. 별난 짓을 우리는 속된 말로 지랄 맞는다고 한다. 마구 어수선하게 떠들거나 함부로 분별없이 하는 행동을 이르는 말이 자랄이다.

사춘기의 일탈과 40대의 탈선을 뭉뚱그려서 '지랄'이라고 표현하면 그 어감이 참 다르지 않다. 어차피 인간에겐 평생 꼭 부려야 할 '지랄의 총량'이 내재하여 있고, 그 지랄이 어떤 형식으로든 적정기인 사춘기에 분출하지 못하면, 꾹꾹 누르고 있다가 늘그막에 터진다고 심리학자들은 공통으로 주장하고 있다.

일본에는 일생을 모범생으로 살던 사회 상류층 인사가 백화점에서 물건 훔치는 낙으로 어릴 때 못 부린 지랄의 쾌감을 만끽하고 있는 기사가 외신을 타고 종종 나온다. 유교를 종교로 삼고 성리학을 이데올로기로 삼았던 600년 한국의 '남녀칠세부동석'의 역사는 더 말할 나위가 없다. 효(孝)와 충(忠)이라는 사춘기의 이데올로기는 오늘날 사교육과 스팩으로 바뀌었지만, 여전히 아이에게 사랑의 문제는 혼돈과 무질서의 카오스로 다가든다.

아이에게 연애의 완결된 이미지는 결혼으로 막을 내리고 결혼 너머의 사랑은 불륜뿐이라는 드라마의 교훈에 압도당한다. 연애의 의미는 퇴색하고 성에 대한 호기심은 지리멸렬하다.

미국 드라마 「아메리칸 파이」를 보면 아메리칸 십 대의 "지랄"이 총천연색으로 펼쳐진다. 그 연장 선상에서 성인 드라마 「위기의 주부들」은 이유 있는 팜므파탈의 바이러스를 유포한다. 「아메리칸 파이」가 없었다면 「위기의 주부들」이 어떻게 존재할 수 있었겠는가?

「강남 스타일」로 빌보드 차트의 정상에 올랐던 싸이가 자신의 음악성을 B급에 비유하며 겸손과 여유로 미국 팬을 사로잡은 것도 어쩌면 마약에 빠졌던 젊은 날의 성장통이 있었기에 가능한 일이었을 것이다. BTS의 놀라운 실력은 눈물겨운 연습의 결과물이다. 피나는 연습도 '열정의 지랄'이 없으면 불가능한 일일 것이다. 사랑의 문화는 하루 아침에 만들어지는 것이 아니다.

인간의 성장통을 포용하고, 그 지랄을 건강하게 흐르도록 만들어주는 사회적 배려와 이데올로기가 뒷받침되어야 한다. 68혁명의 젊은 이들처럼 지금 BTS는 전 세계를 누비며 '전쟁 대신 사랑을' 노래하고 있다.

다시 문화 혁명으로 돌아가서 얘기해 보자. 현대의 해방된 사랑은 곧 성 혁명의 물결로 이어졌다. 프로이트의 제자이자 교육학자인 빌헬름 라이히는 자신의 저서 『성 혁명』을 통해 억눌려 온 성의 해방이 어떻게 평화로운 사회를 만들 수 있는지 서술했다.

그의 친구이자 동료였던 알렉산더 닐은 자유 학교 서머힐을 설립했다. 성 해방의 문제는 현재 시점에서도 숱한 논란과 찬반, 종교적 갈등을 일으키는 뜨거운 감자이다. 오늘날 자본주의는 성 해방 방향과 내용을 획기적으로 바꾸고 있다. 아날로그 시대의 성 의식은 디지털 시대에 이르러 개인주의 성격을 띠고 있지만, 지금의 십 대들이 성을 누리며 살아갈 향후 10년 안팎의 성생활은 가히 SF 스타일을 예고하고 있다.

지금의 어른은 머잖아 젊은이들이 핸드폰 미팅 앱을 뛰어넘어 온라인 메타버스에서 아바타를 상대로 사랑을 나누는 '못 볼 꼴'을 볼지도 모른다.

그러나 믿음만이 구원에 이를지니 사랑이야말로 평화의 도구라는 신념을 갖고 아이들과 토론하고 성교육하며 사랑을 이야기하는 어른으로 거듭나길 바란다. 더불어 성교육과 성 평등을 극렬하게 반대하는 퇴물들과 그에 편승하는 일부 정부 관료는 중세로 가는 타임머신에 모두 공짜로 태워 보냈으면 좋겠다.

현대 기준으로 본 성적 건강

참고로 현대 해방된 사랑이 성적 문란과 자유를 의미하는 것은 결코 아니다. 오해하지 않기를 바란다. 그런 의미에서 세계보건기구(WHO)가 제시하는 성적 건강의 기준을 소개한다. 성적 건강(Sexual health)은 섹슈얼리티에 대해 신체와 정신, 정서 및 사회적 안녕을 유지한 상태를 비교적 건강한 상태라고 정의한다. 즉, 대체로 유엔의 기준에 따라 각국 정부가 헌법과 법률 등으로 규정한 성 건강의 규범들이다. 자세히 살펴보면 건강한 성, 현대 해방된 성을 어떻게 바라보아야 할지 판단할 수 있을 것이다.

그렇다면 성적으로 건강하지 못한 상태는 무엇인가. 이는 성적 및 정신성적 정체성 장애(Sexual and Gender identity disorders)를 들 수 있고, 건강하지 못한 상태의 내용에는 ①성 기능 장애 ②변태 성욕 ③정신성적 정체성 장애가 있다.

반면에 신체와 정신 즉, 성 반응주기에 따른 성기능장애도 건강 기준에서 비추어 볼 때 치료해야 하는 영역이다. 그에 대한 기준을 예로 들면 ①성욕(desire) ②흥분(excitement) ③오르가즘(orgasm) ④해소(resolution) 등의 요소가 있다. 이들 요소가 정상적이고 건강하게 작동하는지 아니면 불량스럽고 변태적으로 작동하는지가 관건이다.

한편 변태 성욕은 "특정한 소수의 대상이나 행위, 상황을 포함하는 성적 충동, 환상, 행동이 정상 범위를 벗어나 매우 강하고 반복적으로 지속하는 행위 등"을 가리킨다. 그에 관한 내용을 소개하면 다음과 같다. 이 요소들에 관해 과도하게 집중하고 있다면 스스로 변태가 아닌지 의심해 볼 일이다.

① 노출증

자신의 성기를 충동적으로 드러내 보이는 행위에서 성적 만족을 얻는 증상이다. 불특정 대중 앞에서 자신의 성기를 노출하면서 흥분을 느끼는 경우(일명 노출증 환자) 등이다.

② 물품 음란증

상대방의 의류나 물품에 성적 흥분을 느끼는 증세다.

③ 마찰 도착증

마찰 성욕 도착증은 성적 도착증 중 하나다. 강제로 상대방의 신체를 만지거나 자신의 특정 신체 부위를 상대방에 맞대서 이어 성적 흥분을 느끼는 것을 말한다. 한국에서는 타인에게 이러한 행위로 피해를 주면 법적으로 처벌받을 수 있다.

④ 관음증

다른 사람의 성행위를 엿보거나 다른 사람이 옷을 벗는 것을 보고 성적 흥분을 느끼는 인간의 행동. 어느 정도까지는 거의 모든 사람이 관음증을 지니고 있다. 인간을 비롯한 대부분 동물이 여러 형태로 자신의 성적 매력을 과시하는 것은 성적 유혹과 짝짓기 행위에서 정상적이지만, 엿보기가 단순히 성적 유혹의 한 요소가 아니라 성적 만족을 얻을 수 있는 유일하거나 주요한 원인이 될 정도면 관음증은 비정상적인 행위로 여겨진다.

⑤ 성도착증

성도착증은 유아기 또는 소년기의 잘못된 성적 심리나 행동으로 인해 발생한다. 그러나 성인이 되어서도 그 행동을 관두지 못하고 비정상적인 방법으로 성적 만족을 얻는 것을 성도착증이라고 한다.

성도착증의 종류에는 여성의 물건에서 성적 만족을 찾는 것, 성적 흥분을 위해 남성이 여성의 옷을 입는 것, 괴로움을 당하거나 괴롭힘으로써 성적 만족을 얻는 것, 사춘기 이전의 아이와의 행위나 공상으로 성적 흥분을 얻는 것 등이고 노출증이나 관음증 등도 이에 속한다.

그밖에 성적 가학증(sexual sadism), 의복 물품 관련 음란증, 소아기호증, 성적 피학증(sexual masochism) 등을 꼽을 수 있다.

다른 측면에서 보통 성 기능 장애로 진단할 수 있는 것은 장애를 초래하는 성욕 장애, 장애를 초래하는 성욕 감퇴, 성적혐오장애 등이 있고, 성적흥분장애, 오르가즘 장애(남성 오르가즘 장애, 여성 오르가즘 장애, 조루증), 성교통증 장애(성교통증, 질 경련증) 등이 있다.

이에 대한 치료법은 필자가 제시하는 것보다는 증상을 느끼는 분이라면 관련 의료진을 찾아 상담하기를 권장한다.

성은 종족 보존과 쾌락, 사랑, 결혼, 친밀감, 종교적 가치관, 풍습, 관습, 성적 장애, 범죄, 성차별 등 여러 분야에 복잡한 동기가 작용한다. 평생 표출되는 성의 본질을 이해하고 기본지식을 습득하는 일은 사회 적응을 위해 반드시 필요하다.

이는 사랑과 성 즉, 연애와 결혼, 이혼 등에 있어서 중요한 판단기준과 가치를 배우는 일이다. 그 대상과 시기도 유아로부터 성인, 노인에 이르기까지 평생 적용한다. 특히 대상에 따라 평생학습 차원의 종합적인 성교육이 필요하다.

①목표와 시기(체계적인 학교 교육)

②내용(생물학적 성교육, 성문화 교육)

③교육자의 훈련(양성 및 재교육),

④학부모 성교육 등 모든 생애에 걸친 국가적 교육 시스템이 요구된다,

5장

디지털 시대 아날로그의 역습

내 안의 영웅이 깨어난다 | MZ 세대의 인터넷 중독 | 인터넷과 제3 세계

5장. 디지털 시대 아날로그의 역습

내 안의 영웅이 깨어난다

『주역』에 "글은 생각을 만들고 생각은 글을 만든다(文生於情 情生於文)"라는 문장이 있다. 이 한마디는 인간의 지식과 경험의 정체성이 무엇인지를 설명하고 있다. 그리고 인터넷 세계를 이해하는 말로 부족함이 없다. 인터넷 세계는 가상공간(생각)에서 현실 세계(지식)가 작동하는 장이기 때문이다.

가상 세계와 현실 세계의 경계가 허물어지는 메타버스(meta verse)의 통로를 글의 텍스트에 비유하면 그 통로에서 빚어지는 행위는 경험의 문맥(context)이다. 흔히 청소년이 빠지는 인터넷 게임에서 경험 보상은 승리감과 성취감, 사회적 보상을 전제로 하며, 기성세대의 걱정에도 불구하고 인터넷 게임은 아시안 게임 정식종목으로 선택하여 운영 중이다. 세상이 많이 변했다.

요즘 사람의 입길에 자주 오르내리는 인터넷 메타버스는 나사(NASA)의 우주기술을 비롯하여 첨단과학에서 비롯되었지만, 의외로 대중에게 소개된 계기는 과학이 아니라 영화나 범죄 뉴스였다.

호아킨 피닉스 주연의 미국 영화 「Her(2014년)」는 주인공 남자가 인공지능 컴퓨터 '사만다'와 온라인으로 연애하면서 '진정한 사랑'을 느낀다. 그러나 그녀가 동시에 수만 명과 접속하여 사랑을 나눈다는 사실이 알려지면서 사람들이 배신감과 절망에 빠진다는 이야기다. 데이트 앱을 비롯하여 미국과 한국에서 유행하는 인터넷 만남의 겉과 속을 드러낸 이 영화는 인간의 외로움이 가상 세계에서도 여전히 외롭다는 것을 나타낸다. 인간은 외로운 존재다.

"이 세상이 게임인 걸 알지만, 이곳과 이 사람들이 내 전부예요."

"오늘 하루 잘 보내지 말고 최고의 하루가 되세요."

라이언 레이놀즈 주연의 영화 「프리 가이(2021년)」에 나오는 대사다. '내 안의 영웅이 깨어난다.'라는 메시지를 지닌 이 영화는 평범하면서도 버라이어티한 자유도시에 사는 '가이'가 우연히 가상 세계의 여인을 만나 사랑에 빠진 후, 그녀가 일러 준 '곧 파괴될 프리 시티'를 구하는 영웅으로 거듭난다는 매우 통속적인 할리우드 통속 영화이다.

현실과 가상 세계를 오가는 메타버스에서 진부한 생활을 보내던 가이에게 '연애 세포'가 살아나면서 영웅이 된다는 이야기는 가상 세계와 현실을 구분하지 않고 뒤섞인다. 동시에 인터넷 세계의 사랑과 윤리가 무엇인지를 느끼게 해주는 이야기가 인상적이다. 그러나 이 영화는 자극적이지 않아서인지 우리나라에서는 흥행하지 못했다.

한국은 할리우드 영화가 미국과 동시에 개봉하는 최고의 영화시장이다. 할리우드는 한국 영화시장에서 성공해야 세계시장에서 흥행할 수 있다고 믿는다. 한국은 데이트 앱 사용자 인구 비율이 미국 못지않다. 한국은 겉보기와 달리 재미있는 지옥이다.

한편, 한국에서 인터넷 윤리가 절정을 이룬 계기는 안타깝게도 조○○의 인터넷 범죄 'N번방 사건'이 아닐까 싶다. 이 사건에 대응한 '텔레그램 성 착취 공동대책위원회'의 추산에 따르면 'N번방 사건'에 연루된 남성 범죄 혐의자가 26만 명이라고 한다. 그게 사실이라면 대다수의 대한민국 남성은 애당초 히어로가 되기는 틀려먹었다. 앞으로도 그럴 희망은 없을 것 같다. 26만 명은 우리나라 남성 인구의 1%이고, 그중에서 20·30세대가 5%를 차지하며, 심지어 중고생까지 여기에 가담하고 있는 것을 생각하면 더욱 그렇다.

사실 영웅은 따로 있었다. 나쁜 남자를 혼내 준 여인이 있다. 추적단 불꽃으로 활약하며 'N번방 사건'을 추적한 여성 박○○, 이후 히어로가 되어 더불어민주당 공동비상대책위원장에 이십 대로 등극하는 장면이다.

미국 영화 「프리가이」의 주인공과 약간 닮은 꼴이다. 다만 가상 세계가 아닌 현실 세계에서 박○○은 위기에 빠진 민주당을 구하기보다는 날이면 날마다 당과 당 대표에 대하여 날 선 비판과 함께 내부 칼질에 여념이 없다는 일부의 평가에 직면하고 있으니 요령부득이 아닐 수 없다.

이러한 영웅 심리를 심리학 용어로 '개인적 우화'라고 한다. 이 현상은 객관적이고 긍정적인 성과를 내면서 자신의 능력을 입증하기보다는 어디서 무엇을 하든 자신이 주인공이어야 하므로 피아(彼我)를 구분하지 않고 닥치는 대로 총질을 하는 습관에 젖는다.

인터넷 게임을 오래 하다 보면 그런 증상이 생긴다. 뭐, 박○○을 꼭 집어 말하는 것은 아니다. 그냥 말하는 거다. 문득, "인터넷이란 텍스트는 젊은이들에게 사랑의 문맥을 완성할 수 있는 플랫폼으로 적절한가"에 관해 의구심을 갖게 한다.

MZ 세대의 인터넷 중독

2023년 4월 미국 시카고 등 대도시에서 '플래시 몹'(Flash mob) 사태가 벌어져 수십 명의 사상자가 발생했다. 폭력적 공격의 형태라고 해서 '플래시 롭'(Flash rob)으로도 지칭되는 이 현상은 소셜미디어를 이용하여 다수의 청소년이 사전 약속을 하여 정해진 장소에 모여 도시의 기물을 파괴하고 폭력행위를 저지르는 것이다.

시카고에서 천여 명의 청소년이 모여 도시를 파괴하고 행인에게 폭력을 저지른 후 유유히 사라졌다. 한국에서도 이미 2000년대 초반부터 인터넷을 이용하여 일진 학생들이 떼로 모여 패싸움을 하곤 했다. 최근에는 N번방 사건으로 불리는 톡방 성폭력 사태, 불법 성매매 유인, 스와핑 앱 등 인터넷 강국의 면모를 유감없이 보여주고 있다. 미국이나 한국 모두 불명예스러운 주역은 MZ 세대가 주를 이룬다는 비난이 있다.

BC 1700년 수메르 문자에서 '요즘 애들은 너무 버릇이 없다'라고 쓰인 문구를 발견할 수 있다. 애들은 언제든 싹수도 없다는 뜻이리라. 당대에 미치광이로 놀림 받은 소크라테스를 뒤 쫓아다니며 영웅시한 집단은 아테네의 청소년들이었고, 놀랍게도 갈릴레이 호숫가의 예수를 추종한 무리는 이십 대 안팎의 젊은이들이었다. 대한독립 만세운동에 앞장선 유관순은 역시 십 대였고, 이승만 독재를 종식한 4·19혁명은 십 대의 고교생들이 앞장섰다. 대통령 직선제를 쟁취한 한국의 87혁명은 대학생들이 주도했다. 서구의 주체적 인간해방을 지핀 68혁명과 아랍의 봄을 불러온 오렌지 혁명 역시 청소년들이 주인공이었다.

현재 미얀마 군부의 민중 학살에 분노하여 총을 들고 투쟁하는 소수의 투쟁세력은 대학생들이다. 반면에 한국에서는 전세 사기를 당한 청년이 속절없이 자살한다. 젊음은 찬란하고 슬프다. 그러나 언제든지 지식과 상상력, 혁명의 판타지는 젊은이의 보물이다.

천지개벽의 기술혁명이라 불리는 인터넷 문명도 청소년의 전유물로 인식하고 있다. 청소년은 싹수가 없고 또 위대하기도 하다. 싹수없는 것과 위대한 것 사이에 무엇이 있는지는 잘 모르겠지만, 그 사이에서 신지식과 혁명(revolution)이 탄생했다.

MZ 세대는 밀레니얼(1980~1994생) 세대와 Z세대(1995~2000년생)를 합쳐 일컫는 말이다. 한국에서 MZ 세대는 약 1700만 명으로 국내 인구의 약 34%를 차지한다. 중·노년 베이비붐 세대인 60년대생은 870만 명에 이른다. 2030년 한국의 노령인구 비율은 세계 1위가 될 전망이다. 부모세대를 부양해야 할 MZ 세대의 어깨는 갈수록 무거워지고 있다. 사전적 풀이로 MZ 세대는 인터넷 세대로 불리기도 한다.

그들은 디지털과 트렌드에 익숙하고 SNS 활용에 능숙하며 새로운 소비계층으로 부상하였다. 2000년대 중반까지만 해도 국내외 여행객의 절대다수를 차지하던 중년 세대는 현재 OECD 노인 빈곤율 1위의 주인공으로 전락하여 생존에 급급하지만 해외여행은 물론 제주도 여행까지 싹쓸이하는 계층은 MZ 세대이다.

세상은 변했고 중년은 빈곤해졌다. 1999년 싸이월드가 탄생한 이후 네이버 카페, 블로그가 유행하면서 "이제 오프라인 여행의 시대는 끝났다"라고 언론은 떠들었지만, 여행 정보를 풍부하게 제공한 온라인 덕분에 여행문화가 달라졌다. 뉴트로(newtro)의 시대가 활짝 열린 것이다. 뉴트로는 새로움(new)과 복고풍(retro)의 혼성어로 2019년 트렌드 키워드에 선정했을 만큼 한국의 밀레니얼 세대에게 큰 관심을 끈 현상이었다.

뉴트로 현상으로 인해 재미있는 풍경이 만들어졌다. 가이드가 든 깃발을 따라 패키지여행을 즐기던 3, 40대는 이제 5, 60대가 되어 삼삼오오 혹은 홀로 오지 탐험과 한 달 살기에 빠져들었고, 청소년은 방학이면 배낭을 메고 '걸어서 세계 속으로' 들어갔다. 혼자서 항공권을 구매하고 외국에 드나들 수 있는 온라인 예약문화는 메타버스처럼 현실 세계와 가상 세계를 수시로 오가는 '디지털-아날로그' 혼합 문화를 발전시켰다.

디지털 문명이 아날로그의 역습을 불러일으킨 것이다. 미팅도, 연애도 남녀가 먼저 서로의 온라인 MBTI를 확인하고 그 여부를 결정한다. 중년들은 자신이 좋아하는 스타 펜클럽 활동을 쫓아 기꺼이 펀(fun) 마케팅의 소비자가 되고, 아침마다 인터넷 점을 치면서 하루를 시작하는 아저씨 아줌마가 너무나 많다. 가장 기술 좋은 온라인 세력은 말할 것도 없이 청소년이다. 물론 AI와 챗 GPT 기술이 인류에게 유토피아를 가져올지 디스토피아를 가져올지 잘 모르겠으나 밤낮처럼 유불리가 혼재되지 않을까 싶다.

요즘 애들은 누구인가? 주변의 친한 중년을 비롯한 난다긴다하는 청소년 전문가에게 물어본 결과 다음과 같은 특징이 있었다. 요즘 애들은 어릴 때부터 응석받이로 자라서 일찍이 부모의 재산을 축내고, 오직 소비에 열을 올리며 저 하기 싫은 일은 죽어도 하지 않으려는 세대이다. 공부 잘하는 영재들은 꿈과 일의 의미보다 돈을 좋아해서 무조건 의대로 몰려가며, 뭐든 생활에 적응하지 못하면 히치코모리가 되어 은둔하면서 컴퓨터 게임이 몰두한다.

또한, 이들은 다중작업의 전문가로서 스마트폰과 노트북, 태블릿 PC 등에 매달려서 1시간 동안 약 27번을 사용한다. 종일 다양한 전자기기를 이용하여 소셜미디어와 게임, 블로그, 인스타그램, 이메일을 이용하며, 일과 중 평균 95%의 시간을 온라인에서 보낸다. 그리고 그들은 오픈런을 반복하며 부지런히 맛집을 찾고 여행을 다닌다.

이와 같은 '따라 하기'의 문화 현상은 유독 한국에서 만연하고 있다. 남들이 '좋아요'를 누른 장소에 기를 쓰고 찾아가는 행위는 한국인의 빈곤한 투사중독의 심리 상태를 나타낸다. 아이들은 디지털 문화의 인스타에 댓글과 평가를 올리기 위해 역으로 아날로그의 공간으로 몰려간다.

스마트폰을 달고 사는 아이들은 말할 것도 없고 잘난 체하는 내 늙은 동창들과 함께 다니다 보면 영락없이 '검색문화'의 덫에 걸린다. 영화관이나 카페, 음식점은 물론이고 계절 맞춤 셔츠 하나 구매하고자 해도 인터넷 창의 검색대를 통과하지 않으면 어느 것도 불가능하다. 따라가 보면 역시나 줄을 서야 한다. 댓글에 '좋아요'가 도배질 된 맛집은 기본 1시간을 대기 줄에 서야 하고 기타 등등 지긋지긋한 기다림의 시간이 엄습한다.

샤넬 때문에 생겼다는 오픈런이 사람을 아주 많이 잡는다. 죽을 때까지 디지털 문명의 생경함에 시달릴 것을 생각하면 사나 죽으나 갑자기 인생이 무서워진다. 특히 농경사회에서 자라고 결혼해서 한 직장에 오래 근무하며 정착해 온 습성을 지닌 5, 60대 중노년에게 디지털 문명의 울렁증은 불치병이나 다름이 없다. 아이들을 잘 만날 수 있는 길은 오직 디지털의 길일 것으로 생각하니 답답한 가슴은 더욱 달랠 길이 없다.

인터넷과 제3세계

2000년 경에 필자는 한 공중파 TV 교육프로그램에 약 2년 간 고정 패널로 출연한 적이 있다.

"20년 후 학교는 존재할까?"라는 주제에서 나를 빼고는 모든 출연진이 '없어진다.'라고 했다. 학생이 디지털 교과서로 가상공간에서 배우기 때문에 학교는 필요가 없다는 뜻이었다. 그러나 디지털 문명이 발달할수록 아날로그 방식의 학교운영은 더욱 중시되었다. 돌봄과 교육복지, 보건교육은 학교의 중요한 역할로 부상하였다.

코로나 시대에도 학교의 역할은 돋보였다. 등교하지 않을 때 겪은 학습력 격차와 부적응 현상은 오프라인 학교의 필요성을 오히려 입증하였다. 교사의 '히든 커리큘럼'은 국가교육과정만큼이나 새로운 시선을 받고 있으며 그로 인해 교사의 지위와 전문성을 높이는 교육전문대학원을 모색하고 있다.

정치판에서 쫓겨난 정약용은 18년간 강진 유배에서 실학의 정치사상을 완성하였다. 팔도의 선비들은 왕에게 갇힌 아날로그 조정보다는 열린 디지털 유배지를 찾았다. 유배길이 디지털 조정으로 바뀌어 당대의 지식인에게 놀라운 지식의 세계를 선보였다.

우리는 이러한 실화를 통해 디지털을 바라보는 시선을 다각화할 수도 있으며, 청소년의 정보 필터링 능력에 신뢰를 보낼 수도 있다. 어른들이 약간 불편한 마음이 들더라도 우리 청소년이 디지털 세계에 능숙하다는 사실을 인정하기만 해도 걱정은 줄어들 수 있다. 신뢰란 삶을 변화시킬 수 있는 아주 사소한 힘이기 때문이다.

세계화의 불편한 사랑은 인터넷과 제삼 세계의 관계를 선명하게 드러낸다. 성과 사랑의 영역에서 인터넷은 제2의 성을 말한 작가 보부아르의 틀을 뛰어넘어 제3의 성 혁명을 불러일으켰다. 2005년 이후 독일과 미국에서 온라인 데이트 앱이 성행하고 어린이와 청소년은 무차별적으로 등장하는 섹스 사이트에 노출되었지만, 이후 체계적인 정보교육과 관련 법령을 제정하여 자정 능력을 키웠다.

그러나 부정적인 인터넷 문화는 제3세계라고 일컫는 후진국으로 건너가서 섹스 산업의 매개체가 되었고, 그 피해는 갈수록 불어나고 있다. 국가 교육과정 등에서 미디어 리터러시 교육 시스템이 없는 후진국일수록 인터넷 산업의 먹잇감이 되었다.

세계화된 사랑과 세계화된 성은 다국적 기업의 글로벌 플레이어에 종속되었다. 일본 같은 선진국도 사이버 섹스 시장이 골목까지 번져갔다. 한국에서 디지털 성폭력은 줄어들 기미가 보이지 않는다.

2050년이 되면 세계인구는 90억 명에 이를 것으로 예측한다. 10억 명은 부유한 국가에 80억 명은 가난한 나라에 살게 될 것이다. 일부 부유한 나라와 문화선진국은 인터넷 자정 능력을 통해 생활의 안정감을 누리게 되지만 다수의 가난한 나라와 문화 후진국 국민은 여전히 인터넷 부작용에 시달리게 될 것이다.

한국의 게임산업은 양성화를 원하고 있다. 예컨대 청소년 보호법 제2조에 기반하여 16세 미만의 청소년에게 선정성을 차단하고 일정한 시간제한을 도입하는 '셧다운제'를 실시할 수도 있다. 인터넷 게임 위험지수가 높은 한국에서 국회는 문체부와 교육부의 협력을 끌어내야 한다. 살길을 찾아야 한다.

한국이 미래에 인터넷의 제3세계 영역에 속할 것인지 아닌지는 아직 속단하기 어렵지만 분명한 사실은, 디지털 인터넷 문명의 발전은 정치 민주화와 경제민주화를 바탕으로 하는 아날로그 문명과 비례한다는 것이다.

청소년의 인터넷 사랑이 긍정적이고 성인의 바람직한 성문화가 유지되기를 바란다면 우리는 더욱 공정해져야 한다. 디지털과 아날로그의 협력과 조화는 언제든 절실한 문제다.

6장

모순된 미국의 성

모든 길은 미국으로 통한다 | 모순된 미국의 욕망 | 성조기는 마거릿 생어의 깃발이어야

6장. 모순된 미국의 성

모든 길은 미국으로 통한다

팍스 로마나의 '모든 길은 로마로 통한다.'라는 격언은 제1차 세계대전(1914~1918) 이후 팍스 아메리카나, '모든 길은 미국으로 통한다.'로 바뀌었다. 미국은 GDP 22조 6,752억 달러의 경제력에 국방비는 약 1,000조 원에 이른다. 국방비 56조 원으로 세계 2위를 달리는 러시아에 비해 무려 16배의 차이가 있다. 경제적으로 미국은 세계 GDP의 24%를 점하고 있다. 미국의 국력을 실감케 하는 대목이다.

무엇보다 미국은 정신사적인 면에서 민주주의를 지키는 세계경찰로 자리매김하고, 경제적으로 한 번도 국가 부도가 나지 않았으며, 달러의 기축통화로 국부를 형성하고 있다. 반면에 국내의 반전여론에 밀려서 베트남과 아프가니스탄에서 비참한 패배를 맛보았고, 최근 사우디 등에서 정치적 갈등으로 인해 달러의 기축통화가 위기에 처하기도 했다. 그런데도 여전히 미국은 정치와 국방, 문화와 경제에서 초강대국의 지위를 유지하고 있다.

미국의 국력을 얘기하자는 것은 아니다. 다만 근대에서 현대를 창출한 세기의 주역으로 미국을 볼 때, 성과 사랑이라는 주제 역시 미국을 떠나서 거론하는 것은 불가능한 측면이 있다. 현대 사랑은 미국에서 피어나고 고난받았으며 진보와 보수의 대립적 시각은 여전히 제자리 뛰기를 반복하고 있다. 미국의 모순된 성과 사랑을 들여다보는 일은 현대 사랑 속에 놓인 우리의 자화상을 정면으로 마주하는 일이다. 왜 미국의 성은 모순된 것일까?

황금을 기대했던 에스파냐의 여왕 이사벨라 1세(1451~1504)는 이탈리아의 탐험가 콜럼버스에게 함대를 주어 인도 탐험을 시도했다. 콜럼버스는 1492년 서인도 제도의 산살바도르섬을 발견하고, 이후 세 차례에 걸쳐 대서양을 건너 중앙아메리카와 남아메리카에 이르렀다. 그는 죽을 때까지 그곳을 인도 일부라고 믿었고, 원주민을 인디언(인디아인)이라고 불렀다.

정작 '아메리카'라는 이름은 이탈리아의 모험가 아메리고 베스푸치가 신대륙이라는 사실을 널리 알려 그의 이름을 가져와 '아메리카'라고 부르게 된 것이다. 살짝 여담을 하자면 한국인이 가장 많이 마신다는 커피 '아메리카노'의 유래도 이런 식이다. 세계 제2차대전 때, 유럽에 참전한 미군이 이탈리아에 진입하면서 이탈리아식 커피 에스프레소를 먹었는데 너무 써서 물을 타서 마셨다. 이탈리아인은 에스프레소를 감당하지 못하는 미군을 비웃으며 그들이 마시는 물에 탄 에스프레소를 이탈리아어로 미국인을 뜻하는 아메리카노로 지칭했다.

한국인은 특히 얼음을 동동 띄운 아이스아메리카노를 선호한다. 한번은 카페에서 칠십 대로 보이는 노인께서 '따뜻한 아이스아메리카노' 한잔을 큰소리로 주문하는 것을 보고 웃음을 참을 수 없었는데 아르바이트생은 그런 주문에 익숙한지 '따뜻한 아메리카노'로 화답하며 주문을 받았다. 아메리카노가 한국에 와서 고생하는 얘기다.

다시 본 이야기로 돌아가자면 아이러니하게도 콜럼버스는 그가 상륙했던 곳 남아메리카의 '콜롬비아'라는 나라의 이름으로 오늘날 남게 되었다. 콜럼버스? 콜롬비아? 세간의 평판과 달리 크리스토퍼 콜럼버스는 '카리브해의 해적'으로 불릴 만했다. 그가 발견한 인도(남아메리카)에는 황금이 별로 없었고, 대신 수 많은 인디언이 있었기에 콜럼버스는 황금 대신 노예상으로 변신했다.

그가 남아메리카에 상륙한 시점에서 450년 후 인디언 아라와크족과 타이노족은 노예사냥으로 멸종했다. 이후 수천만 명에 달했던 아메리카의 인디언은 콜럼버스의 후예들에게 차례로 몰살되었고, 그 자리에 근대와 현대를 가르는 미국이라는 나라가 들어섰다.

미국은 인디언의 피로 물들여진 무덤 위에 세워졌다. 인디언을 학살하는 것으로 미국을 개척한 백인은 인디언이 사라지자 당시 아메리카 대륙의 최대 자원인 버팔로, 즉 6천만 마리의 아메리카들소를 사냥하여 고기와 가죽을 얻었고, 그 가죽으로 피혁공장을 돌려서 유럽에 옷 등을 수출하여 생계를 꾸렸다. 그러나 그것도 잠시 버펄로가 몰살되자 눈길을 바다로 돌려 수백 척의 고래잡이배를 이용하여 고래를 싹쓸이했다.

유럽은 미국이 수출한 고래고기와 기름, 뼈를 이용한 상품을 소비하여 미국의 경제를 부양했다. 그런 미국이 지금은 전 세계에 군산복합체를 세워 무기를 팔고 있다. 세계의 모든 바다에 11척의 무적 항공모함을 모든 전략지에 상주시키고, 전쟁이 벌어진 나라마다 미국산 무기를 사용하며 '말 안 듣는' 나라는 미국의 함대가 발사하는 순항미사일에 맞을 각오를 해야 한다. 전쟁이 미국을 먹여 살리고 있다.

한편 인디언의 사랑은 타고난 '두 개의 영혼'을 인정하는 문화를 지녔다. 그것은 오늘날의 동성애와 다른 개념이다. 여성성의 영혼을 지닌 남자는 집에서 여장하고 아이 돌봄의 역할을 했지만, 동시에 사냥과 전투에서는 용감무쌍한 전사로 활동했다. 가족은 그가 가진 본연의 성적 성향을 가족주의로 감싸 안았다.

그러나 인디언은 백인 청교도에게 정복당하는 과정에서 기독교 선교사에게 자신의 평화로운 성 문화를 '이단'으로 규정 받아 억압당했다. 여성적인 남성은 성경의 타락한 도시 소돔과 고모라를 따서 '사더나이트(Sodonite, 남색자)'라고 불렀다.

인디언 사더나이트는 미국인에게 여지없이 죽임을 당했다. 성은 종교에 갇혔고 종교는 아메리카의 성을 중세로 불러들였다. 인디언 사냥은 미국의 극단적 우파 기독교 종교사상을 통해 정당화되었다. '두 개의 영혼'을 인정하고 굿을 통해 환자를 치료하는 샤머니즘은 용서할 수 없는 '이교도의 야만'으로 규정했다. 인디언 사냥은 이교도의 이단 문화를 척결한다는 명분으로 정당화된 것이다.

아메리카 정복 전쟁은 종교전쟁이었고 인디언은 선진 군대를 운영하는 미군에게 몰살되었다. 그런 미국의 군대가 오늘날 용감무쌍한 인디언의 투쟁을 기리면서 첨단무기에 인디언 부족의 이름을 붙이고 있으니 아이러니다. 아파치 헬기, 토마호크 순항미사일….

모순된 미국의 욕망

인디언 사냥이 끝난 후, 미국인은 인디언을 사냥한 방식으로 내부의 분열을 초래했다. 마녀사냥이었다. 마녀사냥은 1692년 매사추세츠주 세일럼 마을(현재 댄버스)에서 진행된 종교재판으로 극에 달했다. 200여 명의 시민을 마녀로 고발하고 그중에서 19명을 처형했으며 6명이 고문사로 숨졌다.

흑역사는 계속되었다. 남부의 기독교 극단주의자는 북부의 노예해방과 남녀 평등사상, 여성운동의 태동을 참아내지 못했다. 남부군은 하나님의 이름으로 북부 이단자를 처벌하기로 했고, 목사의 축복기도를 받으며 남북전쟁을 일으켰다. 수백만 명의 미국인이 사망하고 아메리카 벌판은 백인의 피로 물들었다.

얼마 전 미국 대법원의 보수성향 판사는 49년 만에 낙태권을 보장하는 '로 대 웨이드(Roe v. Wade)' 판결을 뒤엎었다(2022.6.24). 로 대 웨이드 판결은 미국의 연방 대법원에서 산모의 생명을 위협하는 긴급한 상황이 아니면 원칙적으로 낙태를 금지하는 판례를 1973년에 이르러 폐지하고, 낙태를 여성의 신체적 권리로 확립한 것을 말한다.

그러나 공화당 트럼프 대통령이 임명한 대법원 판사의 수가 많아지면서 낙태를 금지하는 이변이 생긴 것이다. 이에 대하여 민주당의 바이든 대통령과 진보성향 주 대법원은 현재 낙태 합법화를 유지하기 위한 대안을 마련하고 있다.

로 대 웨이드 판결을 무효화 한 것은 현대판 '세일럼 마녀 재판'이 부활한 것이나 다름이 없다. 『로마인 이야기』의 저자 시오노 나나미는 "역사는 절대로 앞으로 나아가지만은 않는다. 기회만 있으면 퇴행을 반복한다."라고 서술했다. 인디언 사냥의 역사는 내부적으로 미국인 자신들이 서로를 죽이는 남북전생 역사의 데자뷔로 번번이 작용하였다. 아마 앞으로도 미국의 역사는 진보와 퇴행을 반복하게 될 것이다. 문제는 미국의 퇴행이 세계적으로 영향을 끼친다는 데 있다.

한국의 태극기 부대가 광화문 광장을 뒤덮고 보수적인 일부 목사가 광신도를 앞장세워 혼전순결을 외치는 장면은 미국에서 먼저 시작했다. 학교 성교육을 반대하고 낙태와 혼전 성관계를 금지하며 국민에게 금욕을 요구하는 극단 기독교 운동은 1981년 레이건 대통령 때부터 본격화했었다.

그들은 청소년에게 예방적 차원의 성병, 낙태, 에이즈, 피임조차 가르쳐서는 안 된다며 법제화를 시도하고, 학교를 습격하고, 여성 운동가를 탄압했다. 레이건 정부에서 시작된 미국의 극단적 기독교 운동은 잠시 잠잠했다가 조지 부시의 공화당 정권에서 다시 불을 지폈다. 이어 트럼프 정부에 이르러 극성을 부렸다.

한국의 극단적 기독교 운동은 이러한 미국의 퇴행적 흐름을 고스란히 반영하고 있다. 2022 국가교육과정 공청회에 수백 명의 신도를 투입하여 성 평등, 성교육, 민주교육 반대를 외치며 단상을 점거한 극우 기독교인 역시 미국 마녀사냥의 더러운 전통을 이어받았다.

일찍이 그러한 망동은 제2차 세계대전을 전후하여 극성을 부렸다. 미국 의회의 강경파와 FBI는 극우 기독교인의 과격한 주장을 공산주의 타도와 결부시켜 정적을 제거하고 과학자를 탄압하는 계기로 이용하였다. 선동은 성행했고 희생자가 속출했다.

50년마다 공개하는 FBI의 비밀문서(2019)에 따르면, 아인슈타인은 이러한 음모에 공산주의자로 몰려 희생을 치렀다는 사실이 밝혀졌다. 2020년에 내셔널 지오그래픽은 아인슈타인의 피해 사실을 천재 시리즈에서 소상히 방영하였다. 록펠러 재단의 후원으로 남녀 성 행동을 연구하여 '킨제이 보고서'를 펴낸 인디애나 주립대학교 생물학과의 킨제이 교수 역시 FBI와 극우 기독교 지도자들에게 이단과 공산주의자로 지목을 받아 고초를 겪었다.

"국무부 내 공산주의자 205명의 명단이 여기 있다."

공화당의 매카시 상원의원의 한마디를 신호탄으로 미국 전역에서 현대판 마녀사냥, 즉, '빨갱이 소동(Red Scare)'이 벌어졌다. 학계와 문화계는 물론이고, 정치판까지 이어진 색출 작업은 수많은 희생자를 낳았다. 당시 소련에 원자탄 정보를 넘겨주었다고 누명을 쓴 과학자 로젠버그 부부는 아무 증거도 없이 사형을 선고받았다.

미국 정부는 로마 교황을 비롯한 세계 각국의 정치인, 종교인, 철학자들의 사면 요구를 무시하고 사형을 집행했다. 아인슈타인과 월트 디즈니, 아이젠하워와 트루먼 대통령까지 빨갱이로 지목되었다. 찰리 채플린과 험프리 보가트마저 쫓겨났다. 채플린은 미국과 영국으로부터 빨갱이로 지목되어 탄압을 받자 그 충격으로 외국을 떠돌기도 했다. 미국의 현대판 우민 정치, 공포정치가 판을 쳤다.

미국 역사상 가장 비이성적 시대로 꼽힌 매카시 선풍은 중국의 마오쩌둥이 벌인 문화 혁명, 소련의 독재자 스탈린의 수백만 명 숙청 작업으로 이어졌다. 스탈린은 일제 강점기 독립운동을 주도했던 우리 20만 동포를 우즈베키스탄과 카자흐스탄 등으로 쫓아냈다. 그들은 카레이스키라는 이름으로 연명하면서 눈물을 흘려야 했다. 미국과 소련, 중국은 전 세계에 현대판 인류학살의 광풍을 불어닥치게 만든 원조였다. 매카시는 48세에 초라한 죽음을 맞이했다.

미국영화의 흥망성쇠를 다룬 영화 「바빌론(2023)」은 황홀하면서도 위태로운 고대 도시 '바빌론'에 비유되는 할리우드에서 전성기를 누리고 있는 당대 최고의 스타 '잭 콘래드'(브래드 피트)의 성공 신화와 몰락을 다루었다. 무성영화의 스타 잭은 유성영화가 도입되면서 퇴물이 되고 첨단과학이 동원되는 유성영화의 촬영장은 기술감독이 주가 되는 SF의 시대를 열었다.

배우는 자살과 실패의 길을 걸을지라도 욕망을 멈추지 않는다. 모든 순간이 영화가 되는 곳, 뜨겁게 꿈꾸고 거칠게 폭발하는 할리우드에서 사람들의 욕망은 바벨탑을 쌓아가고 결코 닿을 수 없는 하늘길을 포기하지 않는다. 정치적 이데올로기에도 불구하고 미국은 군사력과 경제력 분야를 뛰어넘어 대중문화와 예술을 주도했고, 성인 잡지 「플레이보이」의 창간 등 저속한 문화계의 주도권도 놓지 않았다.

몰락이 예고되는 바빌론의 바벨탑처럼 종교적 이념과 정치 독재는 인간 말살이란 욕망을 거두지 않는다. 매카시 선풍과 종교적 순결 주의, 극단적 이념의 바벨탑은 '미국의 모순된 욕망'이다.

성조기는 마거릿 생어의 깃발이어야

바벨탑을 쌓던 사람의 욕망이 분출하는 정치적 혐오 속에서 '만인

對 만인의 투쟁'이 이어지는 동안에도 유엔은 인권조약을 제시하였고, 미국 사회의 '성 평등 운동'은 열기를 더해갔다. 간호사 출신인 마거릿 생어(Margaret Sanger, 1879~1966)는 '국제가족계획연맹'을 창설하여 대중에게 피임약을 개발·보급하였고 합법적 낙태 운동을 이끌었다.

그녀는 "좋은 성교육이란 청소년이 책임 있는 결정을 스스로 내리고 성적인 욕구를 참을 것인지, 피임과 성병 예방을 위해 노력할 것인지를 함께 고민하도록 용기를 주는 일"이라고 규정하였다.

마거릿 생어는 1917년 풍기문란으로 투옥되는 등 갖은 고초를 겪으면서도 여성운동을 멈추지 않았다. 알프레드 킨제이 교수는 『남성의 성행위(1948)』와 『여성의 성행위(1953)』를 발간하여 남자 청소년의 90%가 자위행위를 하고, 유부남의 50%가 외도를 경험했으며, 여성도 오르가즘을 느낀다는 실태조사를 발표하였다.

「킨제이 보고서」는 '정숙한 여성은 성욕을 느껴서는 안 된다.'라는 보수적 기독교의 입장과 부딪쳤고, FBI의 청문회까지 열리면서 록펠러 재단의 지원금을 취소했다. 극우 기독교단체들은 킨제이를 '성적 변태를 옹호하고 청소년을 타락시키는 사람'이라고 공개적으로 비난하며 몰아세웠다. 이 모든 과정에서 인디언 학살과 마녀사냥 방식이 답습되었다.

미국에서는 해마다 100만 명의 소녀들이 임신하고, 임신하는 소녀의 80%는 원치 않는 임신이며, 청소년의 절반이 18세 이전에 성 경험을 한다. 그런데도 극우 기독교단체는 학교에서 성교육하지 말라며 압박하고, 대법원은 낙태 금지가 합헌이라고 판결한 적이 있다. 혼전 섹스 금지와 여성의 임신 도구화는 예나 지금이나 미국 사회에서 극단을 형성한다.

한국의 현실도 이와 비슷하다. 사랑 욕망은 금지해야 하고, 성은 타락의 산물이며, 섹스는 결혼제도 안에서만 허용하고, 청소년의 성적 자기 결정권은 인정하지 말아야 한다는 것이 극우 종교인들의 입장이다.

즉, 동거하거나 연애하는 남녀의 섹스는 금지해야 하고, 청소년의 성적결정권은 타인이 행사하라는 것이다. 이러한 폭력적 주장과 행위는 성교육의 중요성을 인정하는 합리적인 목사님과 기독교인에게 많은 비판을 받았다. 보편적인 성은 종교가 아니라 상식이 통하는 사회의 규범으로 공론화해야 한다. 종교인은 자신의 종교 범위 내에서 스스로 원하는 방식의 성 가치관을 자기들끼리 공유해야 하는 일이다.

지난 2022 국가교육과정 공청회에서 정의로움을 지키고자 하였던 교사들은 극우 기독교 성향의 폭도들에게 온갖 욕설을 듣고, 경찰이 지켜만 보는 가운데 두들겨 맞으며 머리채를 잡혔다. 그러면서 성 평등과 성교육, 보건교육을 지켜냈다.

경향신문과 한겨레신문, 오마이뉴스와 교육 플러스, 세종인 뉴스 같은 언론은 그 참상을 '역사의 현장'으로 보도하였다. 당시 공청회 사회자로 현장을 지켜보았던 필자는 그 폭력의 참상을 기억하고 있다. 필자와 공청회 발표자들에게 욕설을 퍼부으며 폭력을 행사한 이의 만행은 신문 사설과 방송, 유튜브에 보도하고 기사화했으며 보존하고 있다. 극단의 종교적 입장이 태극기와 함께 펄럭이는 대한민국에서 외롭게 성교육하는 학교의 보건교사들과 여성 청소년 운동가에게 '하나님의 이름'으로 경의를 표한다.

"한국의 모순된 사랑은 미국의 모순된 사랑으로 버무려졌다."

광화문 광장의 태극기 집회에 펄럭이는 성조기는 '극우 기독교만의 깃발'이 아니다(극단 수구와 보수 깃발 행진에 왜 가톨릭과 불교는 등장하지 않는지 생각해 볼 일이다). 그 깃발의 순수성은 오히려 인권과 청소년, 여성을 위해 헌신했던 마거릿 생어와 킨제이, 알베르트 아인슈타인과 찰리 채플린의 깃발이어야 한다.

무엇보다 마거릿 생어의 깃발이어야 한다. 미국의 모순된 사랑 속에서 모순을 발견하는 일은 슬픈 일이다. 한국의 모순된 사랑 속에서 태극기가 펄럭이는 일은 슬픈 일이다. 봄이 오는 길 위에서 봄을 만나는 일은 설레는 일이다. 언제든 봄날에 대한민국의 청소년 성교육에 축복 있을 지어라!!

7장

꽃피고 새가 우는 봄날은 어이할까?

아시아의 관능적 사랑 | 탄드라와 카마수트라 인도의 사랑 | 여자는 하늘의 절반, 공산주의 사랑
섹스리스의 나라 일본의 성 | 이별의 정한(情恨), 모순된 한국의 사랑

7장. 꽃피고 새가 우는 봄날은 어이할까?

아시아의 관능적 사랑

세상 모든 그림은 점으로부터 시작한다. 점이 모아진 선은 직선 혹은 원의 형태를 갖추어 그림으로 치닫는다. 3차원의 공간을 평면에 옮길 수 있게 해준 기하학적 원근법은 서양화의 성격을 나타낸다. 실제를 완벽히 재연하려는 서양화는 원근법과 소실점을 최대한 준수하는 반면, 동양화는 원근법과 소실점에 따른 섬세함보다는 대상의 중요도에 따라 표현방법을 결정한다.

아무리 애를 써도 서양화의 선은 직선으로 달려가고, 눈에 힘을 주어 사물을 묘사해도 동양화의 선은 원형으로 모아진다. 피카소의 그림은 입체적으로 둥글어 보여도 직선으로 이어지고, 겸재 정선의 산

수화는 소실점이 세밀한 것 같아도 끝내 둥근 원형으로 가슴에 먼저 들어온다. 서양화는 아름다움을 완벽하게 표현하는데 목적을 두고, 한국화는 깨달음을 얻는 데 목적을 둔다.

섹슈얼리티를 그림에 비유한다면 미국과 유럽의 관능미는 직선으로 이어지는 육체미에 가깝고, 아시아의 관능미는 원형으로 모이는 몽환과 같다. 서양의 육체미는 옷을 벗을수록 돋보이고 아시아의 관능미는 옷고름으로 몸의 곡선을 드러낼 때 매혹적이다. 미스 월드로 상징되는 서양의 미인상과 하늘거리는 옥색 치마를 나부끼며 나무꾼을 끌어당기는 선녀의 여인상을 생각해보면, 동서양의 관능미가 어떻게 다른지 금세 눈치챌 수 있다.

한국과 중국에서는 아리따운 여인을 '달덩이 같은 내 님아'로 부르지만, 서양에서는 최고의 미인을 '태양처럼 눈 부신 그대'라고 부른다. 전설 속의 미인 항아는 달에서 방아를 찧었고, 아프로디테는 지중해의 물거품을 타고 태양과 함께 솟아오른다. 서구의 동화는 '그러니까 결혼했다'로 해피엔딩하고 한국의 민담은 '다정도 병인 양하여' 잠 못 들어 한다.

아시아의 모든 나라를 소개할 수는 없지만 대략 아시아권을 주도하는 인도, 중국, 일본, 한국의 성 의식을 살펴보고자 한다. 이들 나라는 성과 사랑에 대하여 비슷한 성향을 보일 것도 같지만 파고들수록 너무나 다른 모습을 하고 있다.

인도는 카스트 신분제도 관습이 아직도 유지되는 사회이지만, 사랑과 성 자체에 대한 죄의식이나 원천 부정은 없다. 중국은 아시아에서 가장 먼저 남녀평등을 이루었지만, 공산주의의 경직성과 함께 모순되게도 분방한 자본주의의 영향을 많이 받고 있다.

일본의 성은 한마디로 계통이 없다. 대신 자유스러우면서도 일정한 질서를 갖고 있어서 세계에서 가장 성폭력이 적은 나라로 꼽힌다. 일본의 성 인식은 다만 물질적이고 보편적이다. 한국은 식민주의와 유교적 관습이 많이 남아있지만, 사랑에 가장 큰 영향을 끼치는 것은 돈인 것 같다. 그래서 이 장에서는 한국의 사랑이 아닌 차라리 조선의 사랑 이야기를 하기로 한다.

탄드라와 카마스투라, 인도의 사랑

서울의 명동성당 맞은편 YWCA 건물에 인도식당 '타지'가 있다. 타지의 창가에 앉으면 명동성당 풍경이 한 폭의 그림처럼 눈에 들어온다. 인도인 요리사가 내주는 커리와 탄두리 치킨, 인도 전통수제 요구르트 라씨의 맛이 아주 그만이다.

타지는 왕관을 뜻하는 페르시아어이다. 왕이 사랑하는 아내를 위해 지었다는 경이롭고 아름다운 타지마할은 '인도의 사랑'을 상징한다.

인도의 관능미는 세상 모든 것을 창조하는 성 에너지 즉 탄드라로 설명된다. 성 에너지는 성 교본이라 불리는 카마스투라로부터 사랑의 완성에 집착하는 타지마할에 이르기까지 다채롭다.

인도는 힌두교(75%)와 이슬람교(18%), 시크교, 기독교, 불교가 어우러진 다종교 체제를 유지하고 있으며 중국을 넘어서는 세계 최다인구 보유국이다.

고대 인도 사원에는 세상에서 가장 오래된(4000년 전) 여성 매춘부의 흔적이 남아있고, 카스트 사회의 여성 중에 유일하게 읽고 쓰기가 가능했던 사원의 매춘부는 시대의 지식인이자 성스러운 사제였다. 여사제는 쿤달리니 뱀으로 상징되는 샤크티 여신의 분신이었고, 뇌 안에 사는 남신, 시바 신에게 다가가기 위해 탄드라의 명상기술을 익혔다.

성(性)은 시바 신과 샤크티 여신의 결합을 위한 에너지로 인식했다. 탄드라의 에너지는 성 교본인 카마스투라에 재미있는 글로 담겨있다. AD 250년 인도에서 지어진 것으로 추정되는 카마스투라는 사랑하는 젊은이들에게 다음 세 가지를 조언하고 있다.

첫째, 사랑하려면 자기 일에 최선을 다하는 '다르마'(인간 본질)를 가져라. 먼저 스스로 자존감을 높여야만 여자에게 사랑받을 수 있다.

둘째, 사랑하는 사람을 책임지기 위해 가난을 피하고 최소한의 재산을 추구하는 '아르타'를 가져라. 예나 지금이나 사랑에는 둥지가 필요하다는 뜻이리라.

셋째, 사랑인 '카마' 즉, 모든 긍정적이고 감각적인 쾌락을 포함해 뜨거운 애정을 가져라. 진정한 사랑을 느끼는 사람에게는 특별한 규칙이나 기교가 따로 필요하지 않다는 뜻이다. 물론 성적 기교가 중요하지 않다는 뜻은 또한 아닐 것이다.

사랑과 성에 관한 기교는 7권의 카마스투라 중 제2권에만 나온다. 2권에서는 성교나 성매매의 철학적 의미를 설명하고 키스 효과와 섹스 기술을 가르쳐준다. 불교의 신비 학파에서는 '탄드라의 성 에너지'가 세상 모든 것을 창조한다고 했으니, 『카마스투라』는 따지고 보면 힌두교와 불교, 이슬람교에서부터 프로이트에 이르기까지 사랑과 성의 전범(典範)이었던 셈이다.

사랑과 성을 육체적 의미로 대상화했던 그리스 로마 경향과 달리 인도의 사랑은 전인적 규범을 강조하였다. 『카마스투라』에서 그 의미를 이렇게 언급하고 있다.

"남녀 한 쌍이 성적 행복에 도달하는 최상의 방법은 남자가 자기 자신보다 여자를 만족시키기 위해 노력하는 것이다."

여자는 하늘의 절반, 공산주의의 사랑

중국의 성적 판타지 『소녀경(素女經)』은 『카마스투라』와 근본적으로 다른 내용과 패턴을 지녔다. 고대에 저술된 것으로 알려진 『소녀경』은 원본이 실종되고 일부만 남아 있다. 이 책은 황제의 성생활을 위한 방중술과 건강 비법을 소개하고 있다. 성교 방법인 방중술에서는 성교의 장단점을 언급하고 24가지의 체위를 설명하고 있다.

『소녀경』은 『카마스투라』와 비슷한 결론을 내리는데 "성교는 남녀가 함께 동의하고 애락(愛樂)을 즐기되 서로 다른 마음이면 오히려 몸에 해롭다"라는 관점이 그것이다. 중국의 성과 사랑은 특히 도교를 국교로 채택한 명나라 시절에 수많은 문학작품을 집대성하여 오늘날까지 전해지고 있다. 중국 자체가 다민족 연합국가의 특성이 있는 만큼 다양한 소수민족의 성 풍속이 존재한다. 유교주의에 입각한 한족의 일부일처제가 중국 성문화의 주류를 이루지만, 한편에서는 장족의 일처다부제 등 다양한 문화가 자리 잡고 있다.

알다시피 중국은 뛰어난 황허문명과 견고한 중화주의가 중심을 이루는 나라다. 진시황의 진나라로부터 마오쩌뚱의 중국에 이르는 동안 '성과 사랑'은 한 번도 사회적 의제로 떠오르지 않았다. 유교의 영향이었다. 다만 제국 중에서 유일하게 유교가 아닌 도교를 택했던 명나라(1368~1644) 때는 남녀의 사랑에 대해 비교적 금기가 덜했다.

명대의 성과 사랑은 문학으로 피어났다. 명 후기에는 다양한 여성 문인이 증가하고 작품이 쏟아져 나왔다. 남성 편집자가 여성의 시집을 편집하고 주석을 달아 책으로 편찬하였는데, 이는 당시 보수적인 학계에는 크게 충격적인 일이었다. 여성 작가는 남성에게는 찾아볼 수 없는 동심과 성, 사랑 감정을 풍부하게 담아 저술했다.

유명한 여성 문인에는 왕웨이, 등소완, 구메이 등이 거론된다. 명나라는 폐쇄적이고 보수적이었지만, 구어체 문학의 『삼국지연의』, 『수호전』, 『서유기』, 『금병매』 등 4대 기서(奇書)를 비롯한 많은 걸작이 나온 시기였다.

한편, 마오쩌둥은 아시아 국가 중, 중국이 가장 먼저 남녀평등을 이루게 만든 장본인이었다. 여성을 전쟁터로 끌어들이기 위한 고육책이었지만, 마오는 '여자는 하늘의 절반이다.'라고 선언했다. 중국의 하늘은 그때까지 '남성이 하늘의 전부'였지만, 마오의 한마디로 여성은 땅의 신분에서 하늘의 신분으로 격상했다. 그후, 중국은 한국이나 일본보다 비교적 남녀평등을 법적으로 보장하는 측면이 있다. 하지만 고위직의 비율에서 중국 여성은 아직 남성보다 절대적인 열세에 놓여있다.

사실, 중국의 여성해방은 놀라운 여권운동가이자 혁명가인 젊은 여성 '추근(1875~1907)'에 의해 촉발되었다. 두 아이의 엄마이자 지식인이었던 추근은 중국 청나라 말의 운동가로서 일본 유학을 했고, 이후 '중국혁명동지회'에 가입하여 반청(反淸) 운동을 주도했다.

그녀는 여성신문인 '중국여보(中國女報)'를 발행하고, 광복회(光復會)를 조직하여 활동했다. 그러나 안타깝게도 안휘성 봉기에 가담한 죄로 체포되어 처형당했다. 그녀는 유럽의 코르셋보다 훨씬 더 비인간적인 여성의 '전족'을 폐지하는 운동을 대대적으로 펼치면서 여성의 권리를 위한 사회운동에 매진하며 왕정 폐지를 시도하였다.

중국인은 추근에게 마음의 빚을 졌다. 중국은 현대에 이르러 공산주의를 국가의 이데올로기로 채택하고 있지만, 그 이면은 철저한 자본주의적 실리 정책을 지향하고 있다. 남녀의 성과 사랑 역시 공산당 신분 위주로 체면을 중시하지만, 그것보다는 돈이 많고 외모가 끌리는 물질 만능의 사랑을 많이 선택하고 있다. 중국의 관능적 사랑은 '자본주의 사랑'으로 물들어가고 있다.

섹스리스의 나라 일본의 성(⊠)

일본 부부 중, 50% 이상이 자녀출산 후 섹스리스(특히 남성)에 빠진다. 갈수록 비혼율과 저출산이 증가하는 추세라고 언론은 입을 모은다. 그러나 모순되게도 성 상품화 현상은 얼마든지 화려하게 피어난다. 도쿄의 골목에는 여성 속옷을 파는 자동판매기가 있고, 속옷에는 여성의 나이와 사진을 기재하고 있다.

실리콘 실물 크기 '러브 인형'과 성매매업소 소프란도(soap land) 목욕탕이 성행하고 있기도 하다. 도쿄와 요코하마 사이에 있는 가와사키 지역에서는 해마다 '남근 축제'가 열린다. 매년 4월 첫째주 일요일에 열리는 가나마라 축제는 카나야마 신사(金山神社) 근처에서 화려하게 장식한 거대한 분홍색 남근 조각을 중심으로 시민이 행진하고, 성기를 본뜬 기념품을 사며, 아이들은 남근 모양의 막대사탕을 먹는다. 그러나 아무도 이런 모습을 음란하다고 생각하지 않는다.

이런 문화를 보면 성 인식이 문란하다고 생각할지 모르지만, 절대 그렇지 않다. 일본은 희한한 나라이면서 그냥 지극히 일본다운 나라이다. 일본에서는 한국과 달리 대체로 성적인 관행은 죄로 여기지 않는다. 역사에서 성 문란자를 처벌한 기록은 찾기 힘들다. 성 사생활은 프랑스처럼 공적 생활과 분리하는 경향이고 개인 문제로 치부한다. 연애에서도 섹스와 사랑은 별개라는 인식이 강하고, 가족혼의 경향이 있는 한국과 달리 연애와 결혼에서는 개인 즉, 상대방의 진심을 중요하게 생각한다.

'사랑한다'라는 말은 '섹스하자'라는 말보다 무겁게 받아들여지고 있다. 한국과 중국에서는 사랑한다는 말보다 섹스하자는 말이 더 무겁다. 한국과 중국이 유교의 페르소나가 작동되는 성 인식(상대방의 가문과 재산 중시)을 많이 갖고 있다면, 일본은 진심 어린 두 사람의 사랑이 결혼의 가장 중요한 조건이라고 인식한다.

일본의 성 문화가 개방적이면서도 부작용이 적은 것은 이러한 열린 의식이 사회적 분위기로 자리 잡고 있다. 일본은 세계에서 성범죄가 가장 낮은 나라이다.

일본은 전통종교(자연종교) '신도'에서 게이샤 문화에 이르기까지 성을 자연스러운 에너지로 규정하고 있다. 태양의 여신 아마테라스를 비롯하여 3,000여 신을 모시면서 성과 관련된 모든 형상은 숭배의 대상으로 여긴다. 교토에 세워진 거대한 남근 돌조각에는 '이 조각은 여행자를 지켜주며 그가 지금까지 경험한 또는 앞으로 경험하게 될 쾌락을 생각나게 한다.'라고 쓰여 있다.

성은 무죄이며 순정한 것이라는 전통적 인식이 강하지만 우익은 그에 관한 판단을 가르쳐 줄 학생의 성교육은 반대하는 등 모순도 드러내고 있다. 일본의 성문화도 변하고 있다.

이별의 정한(⊠⊠), 모순된 한국의 사랑

조선 시대의 사랑은 세계에서 찾아보기 어려울 정도로 폐쇄적이고 성은 금기시했다. 강고한 성리학의 정치체제가 여성을 억압하고 성을 부정했다. 남녀의 성은 가문의 결합과 자식을 생산하는 통로였을 뿐, 오히려 경계의 대상이었다. 경국대전에서 강화된 재가금지(再嫁禁止)나 칠거지악, 서얼 차별은 여성을 억압하고 천시하는 이데올로기로 활용했다.

조선의 선비는 축첩제도를 이용하여 성을 마음껏 누리면서 여성의 성정은 인정하지 않았다. 정암 조광조를 비롯한 당대의 대표적인 인사는 속마음으로는 사랑을 갈망하면서 체면 때문에 상대 여성을 성욕의 화신으로 몰아서 희생시킨다는 가상의 내용을 설정한 한문 단편소설 「심심당한화(深深堂閑話)」에서 선비들의 교활하고 이중적인 모순을 파헤치고 있다.

인도와 중국, 일본의 성과 사랑은 성 그 자체를 부정하지 않는다. 신분과 종교의 차이가 있지만, 남녀의 사랑은 긍정하고 성은 자연스러운 본능으로 존중받았다. 그에 비해 조선의 성과 사랑은 그 자체를 죄악시했다. 그런 점에서 조선의 성 가치관은 중세의 기독교적 성도덕과 똑 닮았다.

우리 한민족의 성 가치관이 원래 이렇지는 않았다. 삼국유사에 묘사된 구지가나 서동요, 선덕여왕과 비담, 처용가 등을 살펴보면 해학과 사랑이 넘치고 남녀의 애정을 살뜰하게 아끼는 장면이 속출한다. 그래서, 조선이 선택한 사랑의 정체성은 이면에 담긴 '이별의 정한(情恨)'이다. 은유와 비유로 가득한 조선의 사랑은 찌질하면서도 애달프다.

조선이 낳은 최고의 석학 퇴계 이황과 기생 두향의 사랑은 이별의 정한으로 절정을 이룬다. 두 번이나 상처(喪妻)를 한 48세의 퇴계는 단양군수로 부임하여 19세의 두향과 그림 같은 사랑을 나누지만 1년도 못가 풍기군수로 이임하면서 두향과 별리(別離)한다. 두 사람은 죽을 때까지 한 번도 재회하지 못했지만 절절한 사랑 시는 백성들에게 공개되었다.

死別已呑聲　죽어 이별은 소리조차 나오지 않지만
生別常惻測　살아 이별은 오히려 가엾기 그지없네

-퇴계

이별이 하도 서러워 잔 들고 슬피 울 때
어느덧 술 다하고 임마저 떠나가는구나!
꽃 지고 새우는 봄날을 어이할까 싶구나

-두 향

두 사람이 주고받은 이별 시는 오늘날에 보아도 눈물겹다. 단양을 떠날 때 두향은 퇴계의 짐 보따리에 곱게 싼 수석 두 개와 매화 화분 하나를 넣어주었다. 퇴계는 평생 매분을 아꼈고 임종 때 마지막 말을 남겼다.

"저 매화에 물을 주거라"

퇴계의 유언은 이별의 정한이다. 이별로 끝나는 서양의 로맨스와 달리 조선의 사랑은 이별로부터 새로 시작된다. 남녀의 사랑이 부정되는 유교 체제에서 그 사랑을 마음껏 누리지 못한 안타까움은 '이별의 관능미'로 부활한다. 29세에 과거에 급제한 백호 임제는 평안감영으로 부임하는 길에 황진이 묘를 참배하며 시 한 수를 헌정했다.

「청초 우거진 골에」

-임제

청초 우거진 골에 자는다 누웠도다
홍안(紅顔)은 어디에 두고 백골만 묻혔나니
잔 잡아 권할 이 없으니 그를 설워하노라.

백호 임제는 이 시가 문제가 되어 파직당한다. 문제가 될 줄 알았지만, 죽은 지 30년이나 지난 낭만파 여성 황진이의 관능미를 그리워한 시인의 정한은 모든 것을 초월한 사랑의 '맹렬함'이다. 시공을 뛰어넘은 문학적 은유와 그리움은 조선의 사랑이 나타내는 관능의 방식이다.

현대에 이르러 '이별의 정한'이 다시 빛을 발한 것은 백석과 길상화의 러브스토리다. 사랑을 이루지 못한 남자를 그리워하며, 전 재산을 '무소유의 법정 스님'에게 '길상사' 건립용으로 기부한 김영한 씨(길상화)의 사연은 심금을 울린다.

성북동 길상사에는 백석과 김영한(기생 명 眞香), 법정의 향기로운 사연이 기록되어 있다. 김영한 씨는 군사정권 시절 '요정정치'의 중심지 대원각의 주인이었다. 그녀는 1937년 천재 시인 백석으로부터 자야(子夜)라는 아명을 얻고 그와 사랑에 빠진다. 자야는 중국 진나라의 자야라는 여인이 군에 간 연인을 그리워하며 부른 노래 제목「자야오가(子夜吳歌)」에서 따왔다. 두 사람은 이후 백석 가문의 반대와 남북분단 등으로 생이별을 하게 된다. 길상화는 이루지 못한 애틋한 사랑을 전 재산 기부로 재생시켰고, 백석은 '나와 나타샤와 흰 당나귀'로 그리움을 불러냈다. 물론 나타샤는 백석의 연인 자야를 비유한 이름이다. 법정스님은 자야의 돈으로 길상사를 건립하면서 그녀가 유언한 대로 자야의 고운 뼛가루를 길상사 그녀의 자그마한 기념탑에 뿌렸다. 지금도 길상사에 가면 언제든 그녀의 영혼을 만날 수 있다.

모든 재산을 길상사 건립에 쾌척한 것이 아깝지 않으냐는 어느 기자의 질문에 그녀는 "내 재산은 백석의 시 한 줄만도 못하다"라고 못 박았다. 백석이 헤어진 그녀에게 바친 사랑의 시 한 편을 소개한다. 봄날은 깊어가는데 내 남할 것 없이 사랑은 무상하다.

「나와 나타샤와 흰 당나귀」

-백석

가난한 내가
아름다운 나타샤를 사랑해서
오늘 밤은 푹푹 눈이 나린다.

나타샤를 사랑은 하고
눈은 푹푹 날리고

나는 혼자 쓸쓸히 앉아 소주(燒酒)를 마신다.
소주(燒酒)를 마시며 생각한다.
나타샤와 나는
눈이 푹푹 쌓이는 밤 흰 당나귀 타고
산골로 가자. 출출이 우는 깊은 산골로 가
마가리에 살자.

눈은 푹푹 나리고
나는 나타샤를 생각하고
나타샤가 아니 올 리 없다.
언제 벌써 내 속에 고조곤히 와 이야기한다.
산골로 가는 것은 세상한테 지는 것이 아니다.
세상 같은 건 더러워 버리는 것이다.

눈은 푹푹 나리고
아름다운 나타샤는 나를 사랑하고
어데서 흰 당나귀도 오늘 밤이 좋아서 응앙응앙
울을 것이다.

8장

대중 매체와 데이트 폭력

첫 번째 대중매체, 천지 창조! | 기독교의 뒷담화 사이비 종교 | 인간은 외로운 존재다
클레어법, 폭주하는 인터넷 성범죄 | 데이트 폭력, 사랑하니 때린다
봄날은 깊어가고 사랑도 부질없다

8장. 대중매체와 데이트 폭력

첫 번째 대중매체, 천지 창조!

천지 창조의 시작은 무엇이었을까? 미국의 천문학자 에드윈 허블(Hubble, 1889~1953)은 "우주의 시작은 고온으로 인한 대폭발이었다"라고 선언하여 빅뱅 이론을 정립하였다. 그의 이름을 딴 허블 망원경은 지구 궤도에 있는 가장 정교한 천문관측 장치로 주목을 받았다. 중국의 노자(BC6 도가)는 "어둠 속의 어둠, 거대한 힘(氣)으로 만들어진 공간이 우주"라고 설명했다.

대학교 1학년 때 나는 처음 노자를 한문으로 읽고 힘찬 노자의 기(氣) 이론에 압도당한 적이 있었다. 영국의 물리학자 스티븐 호킹(1942~2018)은 "상대성 이론과 양자역학을 이용해 폭발하는 블랙홀이 우주의 기원"이라고 주장했다.

이 모든 주장은 아인슈타인의 상대성 이론처럼 실험에 의한 입증이 아닌 문제의 설정과 풀이를 통한 이론이다. 천지는 이론으로 만들어졌다. 우리는 과학자들의 이론이 옳든 그르든 대부분 '그런가'라며 경청한다. 믿음은 들음에서 비롯되는 법이니까.

하나님은 타의 추종을 불허하는 우주 창조론자이다.

창세기 1장에서 그분은 '빛이 있으라'로 시작하는 우주 창조를 '말씀'으로 이루었다. 하나님의 말씀을 기독교인은 물론이고, 웬만한 사람은 큰 거부감없이 받아들인다. 허블이나 호킹의 이론은 어렵고 잘 모르고 믿거나 말거나지만, 하나님 말씀은 알아듣기 쉽고, 믿지 않으면 죄의식을 느끼고, 믿으면 마음이 편해지니 우주 창조론의 최종 승자는 말할 것도 없이 하나님이다.

하나님은 천지 창조로 시작하는 대중매체의 달인이다. 구약은 하나님의 훌륭한 스피커였고, 아들 예수 그리스도에게 신약까지 물려주셨으니 사업 수완이 보통은 아니시다. 고고학과 의학이 결합하여 화석연구로 밝힌 인류의 기원은 분명 진화론이 맞다. 반론의 여지가 없다. 그런데 기독교인은 하나님에 의한 '인간완제품' 창조론을 믿는다.

믿어 의심치 않을 뿐만 아니라 모든 사람에게 그 사실을 받아들이라고 강요한다. 그게 신앙이다. 교회는 TV 상자처럼 창조론을 주일마다 반복하니 누군들 의심하랴. CCC 나사렛인 필자는 삼위일체와 부활을 믿는다. 창조론도 믿는다. 그러나 그건 내 신앙고백이며 믿음 안에서 이루어지는 것이지 진화론을 부정하며 믿어지는 것이 아니다.

대중매체는 말과 글로 이루어진 '말글의 플랫폼'이다. 말은 마음속의 함성이고 글은 마음의 그림이다. 말에는 함성이 내재하여 있고 글은 무한의 그림을 품고 있다. 말은 노래와 춤으로 표현할 수 있고, 글은 특정한 목적을 가질 때 말보다 무섭다. 성경에는 군사작전으로 함락할수 없는 난공불락의 여리고 성을 이스라엘 백성이 노래로 함락시키는 장면(여호수아 6장)이 나온다.

고려의 서희는 조정이 조건부 항복을 잠정 결정한 상태에서 거란과 담판에 나서 강동 6주를 얻었다(AD 993). 말의 힘이었다. 삼국지의 마지막 정벌에 나선 제갈공명의 출사표는 시공을 뛰어넘어 사람의 심금을 울렸고, 이순신의 난중일기는 가난한 백성의 눈물을 올올이 새겨서 진정한 성웅(聖雄)이 무엇인지 알게 해주었다. 글의 힘이다.

"천지는 말로 창조되었고 문명은 글로 세워졌다."

반면에 대중매체는 악용할 때 묵시록적 종말의 공포를 가져온다. 이슬람이 성지 예루살렘에 황금 사원을 세우고 기독교인의 성지순례를 방해하면서 비잔티움과 유럽은 동요했다. 길이 막히면 말이 막히고 말이 실종된 자리에는 전쟁이 들어선다. 역사를 보면 거의 그렇다.

기독교 수도자 피에르는 백성들에게 성지회복을 선동하는 순회연설을 했고, 교황 우르바노 2세는 피에르의 선동을 이용하여 왕들에게 십자군 원정을 독려하는 교서를 내렸다. 각자의 이익 앞에 외교는 실종했고, 수백 년을 이어 간 십자군 전쟁으로 중동 땅은 피로 물들었다. 유럽에서도 부작용은 엄청난 마녀사냥으로 이어져 200만 명의 여성이 희생되었다.

나아가 십자군 전쟁의 후유증으로 오늘날까지 아랍은 참혹한 내전과 분열, 테러를 경험하고 있다. 종교 이데올로기로 포장된 당대의 선정적인 대중매체로 말미암아 회교도는 지하드를, 십자군은 응징을 장려하였고, 외교에서 타협은 실종했다.

히브리대의 유발 하라리 교수는 『사피엔스』에서 문명의 태동을 '뒷담화'로 설명하였다. 호모사피엔스가 경쟁자 네안데르탈인을 이기고 현생인류의 문명을 창조한 배경에는 비밀이 있었다. '지혜로운 사람'이란 뜻의 호모사피엔스는 '착하지 않은' 사람이었다. 호모사피엔스는 착한 네안데르탈인에 비해 뒷담화를 잘해서 작당하고, 패거리 짓고, 남의 아내를 가로채는 일에 능숙했다. 분열과 중상모략은 뒷담화의 결과였고, 뒷담화로 하위문화(Sub-Culture)를 만들고, 이단을 만들었으며 반란을 일삼았다.

말하자면 대중매체를 왜곡하는 기술로 적을 멸종시키고 이기적인 문화를 축적한 것이다. 우리는 호모사피엔스의 후예이며 곧 호모사피엔스다.

기독교의 뒷담화, 사이비 종교

우리나라 삼국시대 '서동요'는 대중매체의 상징적 힘이 얼마나 큰지를 나타내고 있다. 백제의 왕자 서동(무왕)은 '밤마다 신라의 선화 공주님이 서동방을 찾는다'라는 허위 데이트 소문을 퍼트렸다. 서동을 한 번도 만난 적이 없는 공주는 억울하기 짝이 없었지만, 결국 소문은 진실로 바뀌어 그에게 시집을 가야 했다.

『삼국유사』에서는 이 민담을 해피엔딩으로 기록하고 있다. 그러나 오늘날의 시각으로 옮겨 보면 대중매체나 댓글을 이용하여 공주를 꾀어내 사기 결혼한 것이 팩트이다. 대중매체의 영향력은 개인의 방어 범위를 뛰어넘는다.

서양의 문건에 기록된 최초의 팜므파탈 데이트 폭력은 아마 「구약성경」의 요셉 사건이 아닐까 싶다.

야곱의 아들 요셉은 형들에게 노예로 팔려서 이집트의 장관 부디발의 집사가 되어 주인 부부의 사랑을 받는다(창세기 39장). 부디 발의 아내는 잘생긴 청년 요셉을 사랑하여 극진히 예우하고, 마침내 애정 고백을 하지만 뜻대로 되지 않자 강간 누명을 씌워 요셉을 감옥에 보낸다. 요셉은 하나님과 동행하며 이 위기를 극복하고 오히려 자기 가족을 구원하여 고센 지방에 거주하게 하고, 이로써 이스라엘 민족의 기원을 이루었다.

부디 발의 아내가 연하의 꽃미남 요셉에게 저지른 애정행각은 지금도 명맥을 이어가고 있다.

MBC 조성현 PD의 넷플릭스 '나는 신이다'의 시리즈에는 부디 발의 아내 같은 '데이트 폭력'의 혐의자들이 존재한다. 신의 신부인 정명석(JMS), 오대양 박순자, 아가동산 김기순, 만민교회 이재록이 그들이다. 브라질까지 신도들을 데리고 가서 왕 노릇을 하던 돌나라 한농복구회 박명호도 여기에 빠지지 않는다.

이들이 이성을 대하는 태도에는 공통점이 있다. 자신이 가진 대중매체, 즉 전도(傳導)를 통하여 신도를 모으고 신도 중에서 마음에 드는 여성을 지목하여 가스라이팅을 한 후, 성폭행을 시도한다는 것이 다큐멘터리의 골자다.

교주는 상대방의 자유와 사랑을 박탈하고 맹종과 섹스만을 강요한다는 의혹이다.

"너무너무 변태적이었어요"

"정말 사랑한다면 이렇게 하지 않아요"

이 말은 JMS를 탈퇴한 홍콩의 이십 대 여성 메이플이 카메라 앞에서 눈물로 고백한 항변이다. 메이플은 교주에게 성폭행을 당하며 느낀 아픔을 그렇게 표현했다.

성폭행을 일삼았던 사이비 종교 교주는 인간이 사랑에 있어서 근본적으로 지향하는 자유의지와 따뜻한 애정을 외면하고 오직 자신의 성적 욕구를 채우는 대상으로 신도들을 상대했다. 그들은 데이트를 핑계로 여성 신도와 남성 신도를 유인하여 강간하고 성희롱하고 가학

했다. 친한 사람끼리 벌어지는 일명 '데이트 폭력'을 자행한 것이다.

피해자는 그로 인해 일상에서 자유, 웃음, 정서를 잃었다. 피해자는 교주 이외의 사랑하는 사람과 어울리고, 데이트하고, 사랑하고, 결혼하는 평범한 삶을 봉쇄당했다. 사이비 종교 교주는 '인간은 외로운 존재이고 신이 필요하다'라는 약점을 이용한 사기극의 주인공일 뿐이다.

인간은 외로운 존재다

이단 사이비 교주는 대중매체를 활용하는 기술이 탁월하다. 지적인 호기심을 보이는 사람은 성경공부로 유인하여 이단 교리를 심어주고, 놀기 좋아하는 젊은이들은 스포츠와 집단 유희로 끌어당기며, 미모가 있는 여성은 모델수업, 춤과 노래로 유혹한다.

건전한 종교 이면에서 벌어지는 나쁜 종교의 '뒷담화'이다. 유혹당한 이들의 종착점은 교주를 신으로 모시는 가스라이팅과 돈벌이 노역이 기다린다. 신도는 가족과 단절, 강제노동, 성교 금지를 강요당하며 개미지옥을 경험해야 한다. 교주는 호화롭게 생활하면서 신도를 농락하고 자신은 성적 유희를 만끽한다. 그걸 알면서도 신도들은 탈출하지 못한다.

인간은 외로운 존재다. 외로워서 이단에 빠졌지만, 우리 사회가 손을 내밀어 그들을 구원하여 정상 생활로 돌아오게 해야 한다. 그리고 되돌아보아야 한다. 이 사회의 학교 교육과 직장문화와 정치풍토가 얼마나 재미없고 한심했으면 착하고 여리고 똑똑한 백성이 혹세무민(惑世誣民)하는 이단 사이비 종교에 빠졌는지를. 전문가는 우리 국가와 사회가 도의적 책임을 져야 마땅하다고 주장한다.

"사이비 종교는 우리 사회가 길러낸 괴물입니다. 누구나 피해자가 될 수 있으므로 사이비 종교에 대해서는 반드시 규제가 필요합니다. 종교라는 이유로 우리 사회가 종교 문제에 지나치게 방관적인 입장을 가졌던 것을 자성해야 합니다."

넷플릭스 다큐멘터리 '나는 신이다'를 제작한 조성현 PD가 언론 인터뷰 등을 통해 쏟아낸 말이다. 조 PD는 대중매체로 다큐를 제작하여 피해자들의 눈물을 닦아주고, 방관하려는 우리의 손을 잡아 그들에게 인도해 주었다. 사이비 교주가 저지른 성폭력은 명백히 데이트 폭력에 해당하며 흔히 대중매체는 그 도구로 악용되기 일쑤다.

클레어법, 폭주하는 인터넷 성범죄

한국에서 데이트 폭력(dating violence)은 해마다 증가하고 있다. 2022년 기준 데이트 폭력으로 검거된 인원은 1만 2,841명으로 전년

대비 증가율은 21.7%이고, 2014년(6,675명) 대비로는 92.4%가 늘었다고 경찰청은 발표했다. 모든 피해자는 여성이고, 심지어 피해 여성의 가족도 피해 상황이 심각해지고 있다. 가해 남성과 피해 여성의 직업은 의사, 변호사, 교수 등 전문직을 망라한다. 나이도 MZ 세대로부터 노인에 이르기까지 고루 퍼져있다. 자칭 타칭 페미니스트들도 여기에 포함된다.

가해 남성은 상대 여성뿐 아니라 가족들까지도 스토킹하고, 살해하고, 시체를 유기하는 행위를 서슴지 않는다. 데이트 폭력이란 서로 교제하고 있는 과정에서 가해지는 폭력이나 위협을 말한다. 동반자 중 한쪽이 폭력을 이용해 다른 한쪽에 대한 권력적 통제 우위를 유지할 때도 데이트 폭력이라 할 수 있다. 이러한 데이트 폭력은 성폭행, 성희롱, 협박, 물리적 폭력, 언어폭력, 정신적 폭력, 사회적 매장, 스토킹 등의 형태로 나타난다.

데이트 폭력의 형태는 요즘 신문에 오르내리는 기사만 보아도 얼마나 다양한지 알 수 있다. 성관계를 거부한다고 폭행, 전 남자 친구와의 성관계 말하라며 여친 갈비뼈를 부러뜨리고 성폭행, 잔다고 핑계 대고 친구랑 술 마셨다며 폭행, 치마 입지 말라는 지시를 어겼다며 여친을 묶고 박치기, 데이트 폭력 신고했다며 옛 여친을 납치 폭행, 여친을 성폭행하고 고막 파열시킨 공무원, 다른 남자가 있다고 의심하여 살해, 모르는 사람에게 전 여친 성관계 영상 전송하기 등등 이루 헤아릴 수 없다.

데이트 폭력 대책은 영국의 클레어 법에서 비롯되었다. 영국에서 시행하고 있는 가정폭력 정보공개 청구제도는 2009년 영국에서 클레어 우드라는 여성이 전 남자 친구인 조지 애플턴에게 살해당한 사건이 계기가 되어 제정되었다.

이 법은 데이트 폭력의 잠재적 대상이 될 수 있는 피해자를 보호하는 것을 목적으로 한다. 한국은 관련법이 국회에서 발의(2017)되었지만, 아직 구체적인 대책을 골자로 하는 데이트 폭력 예방법이 제정하지 못하고 있고, 경찰의 대응과 사법부의 판결도 미온적이라는 지적을 받고 있다.

특히, 데이트 폭력을 대하는 대중매체의 태도는 매우 심각하다. 언론매체뿐 아니라 유튜브, 온라인, 인터넷 게임, 메타버스에서 24시간 데이트 폭력에 대한 가치 기준과 도덕적 판단보다는 '선정성'에 치우치고 오히려 대중의 관음증을 심화시킨다고 전문가들은 입을 모은다.

우리 사회는 이미 N번방 사건에서 그 폐해를 겪었다. 사이버 공간의 성범죄는 사이비 종교집단의 성범죄와 다르지 않다.

데이트 폭력, 사랑하니 때린다

데이트 폭력 증상은 망상증에 이르면 사태가 한층 심각해진다. 다음과 같은 전조증상이 있으면 데이트 폭력이 언제든 발생할 우려가 있다. 전문가의 상담을 필요로 하는 항목을 간략하게 소개한다.

첫째, 행동을 통제한다.

예를 들면 하루에 2회 이상 '어디냐'라고 의도적으로 질문을 반복하고, 귀가 시간을 정하여 따르길 강요하며, 본인이 못마땅하다고 생각하는 장소는 못 가게 막고, 친정 식구나 친구 만나는 것을 싫어한다. 아내가 모임이 있을 때마다 사랑하는 척 데리러 오는 남편도 여기에 속한다.

둘째, 정서적 폭력을 행사한다.

상대방의 말투나 말을 꼬투리 잡아 비하하는 언사를 일삼고, 가정경제 활동에 대해 불신하며, 반복적으로 자녀교육에 관한 책임을 전가한다.

셋째, 신체폭력을 행사한다.

통제를 벗어난다고 생각하거나 감시 범위를 이탈하면 손찌검한다. 사랑하니 때린다고 하지만 사실은 집착하니까 때리는 것이다.

이러한 상황에 접하게 되면 의외로 많은 여성이 배우자 혹은 연인에게 냉정한 대처를 하기보다는 상대방의 태도에 맞춰주는 스톡홀름 증후군(Stockholm syndrome; 가해자가 위협하는 상황에서도 그에게 심리적으로 공감하거나 연민과 같은 긍정적 감정을 느끼는 현상)에 빠져드는 경우가 많다. Daum 백과사전에 따르면 스톡홀름 증후군은 1973년 스웨덴 스톡홀름에서 은행 직원을 인질로 잡고 경찰과 대치한 사건에서 인질들이 풀려난 후에 인질범들을 옹호하는 발언을 한 현상에서 유래하였다. 꼭 인질의 경우가 아니더라도 일상에서 남편에게 폭력을 당하는 아내나 학대받은 아이들이 남편, 아버지를 옹호하는 것도 스톡홀름 증후군의 심리상태라 할 수 있다.

스톡홀름 증후군은 '내 탓이오'의 자책감과 죄의식이 유난히 발달한 한국의 여성에게 자주 나타나는 현상이다. 강희수(2017)는 자신의 박사 논문 「기독교 원죄론과 현대 한국 교회 여성 죄의식의 상관관계 연구」에서 "한국 사회와 교회의 성차별적 종교문화가 교회 여성의 내면에 깊은 죄의식을 심어주었고 그로 인해 그들은 기독교가 본래 말하고자 했던 원죄의 이해에서 벗어나게 했다는 것을 보여주려 한다." 라고 설명한다. 성서에도 없는 원죄를 여성들에게 짊어지게 한 것이다.

넷플릭스 '나는 신이다'에 등장하는 사이비 교주는 여성 신도를 성폭행하면서 "나랑 성관계하면 네 원죄가 깨끗이 씻어진다."라고 합리화했다. 기독교의 교리를 비틀어 악용한 것이다. 곰팡이는 햇볕을 싫어한다. 기독교가 깨끗하다면 사이비종교는 발을 붙이기 힘들 것이라는 뜻이다. 이단 사이비종교가 곰팡이처럼 피어나는 것은 기독교의 책임이 크다는 지적이 따른다.

탁지일 부산 장신대학교 신학과 교수는 "사이비종교 대부분이 '교회'라는 이름으로 미디어에 노출되니 비 개신교인이 볼 때는 구분하기 쉽지 않다(2023.3.16. 머니투데이)."라고 주의를 당부한다. 시민들 사이에서 '교회 공포증'이 확산하는 현상은 슬픈 일이다. 더는 선량하고 독실한 기독교인과 목회자가 덤터기를 쓰고 상처를 입지 않도록 모두가 관심을 기울여야 할 것이다.

한편 피해자인 여성이 더 노력하여 남성의 요구에 부응한다면 가해자의 행동이 개선될 것이라는 헛된 믿음을 갖는 현상을 '이타적 망상'이라고 하는데, 전문직 등 고학력의 피해 여성이 흔히 이 모순에 빠져들어서 사태를 더욱 악화시킨다는 지적이 있다. 또, 다른 실책은 '긍정적 보상'에 있다. 가해자가 상습적으로 욕을 하거나 폭행을 한 후 피해 여성에게 긍정적 피드백(용서, 반성, 선물, 꽃다발)을 하면 그때마다 관용을 베풀어 가해자의 습관을 오히려 유지 · 악화시키는 현상이다.

전조증상이 나타나면 가차 없이 지적하며 거부하고, 그런데도 여러 번 반복하여 가해 증상을 보이면 전문가에게 상담받고 법적 대응을 고민해야 한다.

봄날은 깊어가고 사랑은 부질없다

사람은 누구나 애정의 존재다. 만나서 사랑을 느끼고 서로의 신체를 느끼고 싶어 한다. 누구든지 사랑에 빠지면 아기들에게 있는 '감각운동적 지능'처럼 상대를 만지고 싶어 하고 만져지고 싶어 한다. 그래서 '피부를 드러난 뇌'라고 김정운 교수(명지대)는 주장했다.

애정 결핍이면 창의력과 설득력이 부족해진다. 사랑하고 사랑받지 못하면 자유와 웃음, 정서가 사라진다. 데이트와 결혼에서 일어나는 접촉의 욕구는 사랑의 욕구다. 그런데 이러한 정상적인 욕구를 누리기 위해 그렇게 많은 위험을 감수해야 한다면 결혼이나 출산을 집어치우고 싶은 것이 인지상정(人之常情) 아닐까?

한국의 '놀라운 저출산 사태'는 한국 정부의 '놀라운 저출산 정책' 때문이다. 정부는 절대로 아이를 낳지 못하게 만드는 정책을 시행한다. 독신과 비혼 동거를 차별하니 아이를 출산할 수 없고, 다둥이 우대 정책이라고 해서 아이 3명에게 주는 혜택을 아이 2명에게도 허용하지만, 소외되는 아이 1명은 어쩌란 말인가? 외동은 2, 3명 다둥이가 아닌 이상 보편적 복지를 바라지 말아야 한다는 뜻인가?

문제는 출산정책이 아니라 부재한 '양육정책'이다. 저출산 대책을 양육지원 대책으로 바꾸는 개혁이 시급하다. 저출산은 노령화로 이어지고 한국의 50대 이상 인구는 전체인구의 절반을 차지하는 인류 초유의 사태가 곧 한국 사회에서 일어나고 있다.

한국은 데이트 폭력을 아직도 중대한 형사법으로 보지 않고, 친고죄처럼 남녀 양자의 갈등 문제로 보는 경향이 있다. 이는 데이트 폭력을 방관하는 처사다. 대중매체 역시 데이트 폭력을 선정적으로 보도하고 그로인해 피해자에게 2차 피해를 가할 수도 있다고 대중매체 평론가들은 지적한다.

건강한 사랑과 데이트를 위한 대중매체의 역할은 백번을 강조해도 모자랄 일이다. 이제는 OECD 국가 중에서 왜 한국의 데이트 폭력 비중이 가장 높은지 성찰해야 한다. 한국은 세계에서 대형교회가 가장 많고 뜨거운 신앙이 넘쳐나며, 신묘한 스님도 많다. 도력이 높은 법사나 무속인이 곳곳에 있다는데…, 언제까지 우리가 사랑이 아닌 성폭력에 시달리며 살아야 하는지 심각하게 고민해 보아야 한다. 이대로 살기가 불안하다. 그저 봄날은 깊어가고 사랑도 부질없다.

9장

식민주의의 잔재 성매매

세상에서 가장 오래된 직업 | 성매매는 직업인가? | 식민주의 잔재 성매매
한국의 성매매 범죄 | 성매매에도 햇볕정책이 필요하다

9장. 식민주의의 잔재 성매매

세상에서 가장 오래된 직업

나는 프랑스 문화원에서 주말마다 프랑스 영화를 두어 편씩 보며 하릴없는 20대를 보냈다. 어리고 예뻤던 카트린 드뇌브가 주연을 맡았던 「쉘부르의 우산」, 장뤼크 고다르 감독이 참여한 옴니버스 영화 「세상에서 가장 오래된 직업(1967)」 등을 비롯하여 수십 편의 프랑스 영화를 섭렵했다.

자막이 영어로 깔려서 겨우 내용 이해를 하는 둥 마는 둥 하면서 시간을 보냈지만, 프랑스 문화원(서울 종로)의 어두컴컴한 극장은 난해하면서도 이유가 없었던 내 이십 대의 우물처럼 깊었다. 마치 쓸쓸한 내 영혼의 망명지 같았다.

"영화 「세상에서 가장 오래된 직업」은 사랑과 매춘의 복잡한 자화상을 그렸다."

영화의 제1화 '선사시대'에서는 인류 최초의 성교(性交) 방식을 연출했다. 영화에서는 여자가 남자의 사냥한 전리품을 받는 조건으로 성을 허락하는 선사시대, 앞서가는 여자의 진화된 행동을 보여준다. 여자가 자연산 꽃잎 재료로 얼굴을 페인팅하여 남자의 눈길을 끌어 다른 여자보다 더 많이 남자의 성을 획득하고 사냥감을 얻는 장면이 나온다. 화장의 시작이다.

제2화 '로마의 밤'은 황제에게 성적 만족을 못 느끼는 황후가 밤마다 사창굴을 찾아 성매매한다. 천하일색의 창녀가 있다는 소문을 들은 황제는 황후 몰래 유곽을 찾았고 부부는 그곳에서 마주친다. 여성의 능동적인 성욕을 극대화 한 장면이다.

제3화 '프랑스 혁명'은 혁명과 전혀 상관이 없는 남자 장클로드가 혁명의 단두대에 처형된 삼촌의 유산을 챙기고, 그 상황을 지켜본 창녀 잔느 모로는 그를 유혹한다. 세상은 바뀌어도 돈벌이와 매춘은 여전하다.

제4화 '벨 에포크'는 상류층 인사의 전용 성매매 클럽에서 뚱보 은행가 에드워드를 낚기 위해 순정을 가장한 사랑 공세로 유혹하는 니니의 모습이 클로즈업된다. 근대화된 프로젝트 성매매의 시작이다.

제5화 '현대'에서는 파리의 중심지를 승용차로 배회하면서 남자들을 매춘으로 끌어들이는 2인 1조의 두 여인 나디아 그레이와 러시아 여성 카트린의 지능적인 매춘 방식을 그렸다. 현대 문명의 변천을 담아냈다.

제6화 '미래전망'에서 감독 고다르는 AI 로봇이 인간을 대체하는 미래사회를 예고했다. 우주 비행사 쟈크 샤리에와 키스를 나누던 매춘부 안나 카리나(AI)는 인간적인 감정을 느끼게 된다. 전체 흑백영화로 촬영되었지만, 이 키스 장면은 컬러로 전환했다.

시리즈로 출시한 이 영화는 선사시대로부터 현대, 미래사회에 이르기까지 평범한 매춘의 역사를 그려낸 수작으로 꼽힌다. 그러나 성매매를 지나치게 낭만적인 시선으로 스케치했다는 느낌도 든다. 홍보영화를 제외한 순수 영화는 감독의 생각을 반영하여 대체로 길을 트고 각성을 주지만 답을 주지는 않는다. 영화제작은 감독의 마음이나 답은 관객의 몫이다. 그런데 매춘은 정말 세상에서 가장 오래된 직업이고, 성매매는 직업일 수 있는가?

성매매는 직업인가?

햇빛에 바래면 역사가 되고 달빛에 물들면 신화가 된다는 말이 있다. 역사에서 성은 매우 중요한 부분을 차지한다. 정략결혼을 비롯한 계급혼, 왕족의 혈통을 보존하기 위한 근친혼 등 이루 헤아릴 수 없는 방식을 적용했다. 그 이면의 신화적인 이야기는 끝이 없다. 왕과 귀족의 혼인 범위는 딱히 한계가 없다고 할 수 있다.

이슬람의 술탄은 하렘을 만들어 수백 명의 여인과 성적 유희를 즐겼다. 조선의 왕이나 세자의 혼인기에는 전국에 금혼령이 내려졌다. 연산군은 채홍사를 두어 1만 명에 가까운 미인을 강제로 끌고와서 사실상 매춘녀처럼 다루었다. 민화나 신화의 성격을 지닌 준(準) 역사서에는 성교와 사랑하는 장면이 더욱 상세하고 선정적이다.

아라비안나이트의 천일야화에 등장하는 섹스 이야기, 삼국유사의 구지가, 일리아드와 금병매 등에 나타나는 성적 묘사 등은 지금의 시선에서 보아도 적나라하다.

한편 현실에서 맞닥트리는 성 문제는 생각보다 잔혹하다. 성은 자연의 감정을 배제하면 철저히 비즈니스를 배태하기 마련이다. 결혼은 숭고하고 일부일처제는 근대 이후 가장 합리적인 혼인 형태라는 주장은 여러 가지 면에서 공감대를 형성하고 있다. 그 주장을 백 퍼센트 인정한다 해도 혼인에 이르는 길은 자연성만 있는 것은 아니다. 가문과 경제를 참작한 비즈니스의 성격이 큰 부분을 차지한다.

그래서 어느 작가는 '성매매는 만인을 상대로 한 것이고 결혼은 1인을 상대로 한 매춘'이라고 발언하여 논란을 불러일으켰다.

한국표준직업분류(KSCO)에 따르면 직업이 되기 위해서는 네 가지의 조건을 갖추어야 한다. 직업은 윤리성과 사회성, 경제적인 보상, 본인의 의사에 의한 자발성, 비교적 장기간 계속되는 지속성을 갖추어야 한다.

결혼한 부부는 직업인인가? 부부가 직업에 속하지는 않지만, 이혼이나 사고상의 보상체계에서 무직의 주부가 최저임금 등에 맞춰 보상금을 받는 판례에 비추어 보면 범 직업인으로 인정받을만하다. 그러면 매춘은 직업인가?

몇 해 전 독일의 함부르크에서 수일을 체류하며 여러 곳을 돌아본 적이 있다. 학교와 청소년 성교육단체, 시민과 이야길 나누며 잠시지만 신앙과 생활의 조화를 이루는 독일 사회의 실존을 경험했다. 그리고 잠시 틈을 내어 세계적으로 유명한 함부르크의 홍등가를 둘러보았다. 사창가의 중심지인 리퍼발과 상파울리에서 성매매 종사자는 세금도 내고 법적인 보호를 받는 직업인으로 자부심이 있다고 안내하던 목사님이 설명해주셨다.

매춘을 합법적으로 운영하다 보니 범죄가 사라지고 성 노동자들은 자영업 수준으로 매장을 관리한다고 했다. 그렇지만 홍등가의 변두리에 있는 골목 끝으로 깊숙이 들어가서 초라하게 유객행위를 하는 주점의 풍경은 백인 여성 위주의 중심지와 다소 달라 보였다.

주로 라틴계와 유색인종의 성매매 종사자가 주를 이루었고, 많이 기가 죽어있으며 자부심도 없어 보였다. 2021년 이곳을 방문한 우리나라 지방 도시의 전·현직 시의원 3명이 실제 매춘 의혹이 있다는 이유로 소송에 휘말리고 언론의 질타를 받았다. 의원님들께서 방문한 지역이 중심가인지 변두리인지는 모르겠으나 아마 나처럼 홍등가를

'둘러보기만 한 것'은 아니었는지 법적 시비가 끊이지 않았다.

국제적으로 성매매가 표준직업에 해당하는지는 적확(的確)한 판단을 내리기가 어렵다. 성매매를 합법화한 국가 혹은 일정 부분 세금납부와 함께 직업적 보호를 받는 나라에서 성매매는 직업이나 준 직업으로 인정한다.

그러나 한국에서 성매매는 직업에 속하지 않는다. 그 이유는 표준약관을 충족하지 못하기 때문이다. 윤리성과 사회성은 인정할 수 없고, 경제적인 보상이나 자발성을 입증할 수 있는 사업자등록과 세금납부의 통로가 부재하기 때문이다. 무엇보다 성매매 금지만 있지 보완 입법이 없는 것이 가장 큰 이유이다.

어쨌든 한국을 비롯한 다수의 국제사회는 성매매를 직업으로 인정하지 않는다. 그러나 비교적 주체성을 갖고 있다는 성매매 노동자의 입장은 다를 수 있다. 그 다름의 논리를 따지기 전에 잠시 중세 이후, 성매매의 세계적 흐름이 어떻게 전개되었는지 살펴보기로 한다.

식민주의 잔재 성매매

포르투갈이 유럽 최초로 서아프리카 탐험(15세기)을 시작한 것을 계기로 하여 유럽 각국은 황금 노략질과 노예사냥, 성매매의 구조화를 진행했다. 대항해의 이면에 깃든 왕들의 속내는 정복과 경제적 이해관계에 있었다. 대항해의 함대는 선교사들의 깃발 아래 군인, 상인, 과학자들을 싣고 아메리카, 남미, 인도, 동아시아로 향했다.

그들은 선교와 모험 대신 인디언을 말살하고 여자와 아동을 배에 가득 태워 귀국했다. 노예매매가 성업을 이루었고, 이후 400년 동안 5,000만 명의 아프리카인이 노예로 팔려나갔다. 해적이나 다름없었던 함대의 구성원은 항구마다 설치된 국·공·사립 사창가에서 먹고 마시며 성매매를 했다.

나라마다 구조적이고 체계화된 성매매 시스템을 구축했다. 그러나 기독교는 근대에 이르러 노예제 폐지를 주장했고, 그에 대해 힘을 보탰으니, 아이러니한 일이지만, 다 하나님의 은혜로 생각할 수 있는 일이 아니지 않을까?

중세 이후, 유럽의 식민지 개척과 노략질은 에스파냐와 튀르크의 영향을 크게 받았다. 1532년 에스파냐의 기독교와 튀르크의 이슬람은 거대한 해전을 벌였다. 에스파냐의 카를로스 황제와 튀르크의 술레이만 술탄은 전쟁보다는, 로마 멸망 이후 도시국가로 전락한 이탈리아를 침략하여 불쌍한 여자들과 소년·소녀들을 앞다투어 잡아갔다.

멸망한 제국의 백성은 오갈 데가 없었고 독 안의 쥐나 마찬가지 신세였다. 우리도 고구려 멸망 이후 당나라와 주변국에 민족 전체가 잡혀가서 노예로 팔린 경험이 있고, 청나라에 조선이 침략당한 병자호란 때는 700만 명의 인구 중, 7%가 넘는 50만 명의 백성이 산 채로 묶여서 잡혀갔으며, 청나라의 수도 심양에 조선인을 팔고 사는 큰 시장이 열렸다.

나라가 버린 여성을 가족이 인질값을 지급하고 구출해오면 정절을 훼손당한 화냥년(還鄕女)이라고 손가락질하여 자살에 이르도록 했으니 조선은 참 위선적인 나라였다. 지금도 중앙아시아와 동남아에 가면 고립된 지역에 사는 소수 부족에게서 고구려 유민의 흔적과 풍속을 대할 수 있으니, 나라 잃은 유민의 삶이 어떠했을지 감히 짐작이나 할 수 있겠는가. 중세 유럽과 소아시아의 풍경은 지옥도와 비슷했다.

튀르크가 임명한 해군 총사령관은 아예 당시 유명한 해적이었던 바르바로나였다. 튀르크가 자체적으로 해군을 운영하지 않고 노략질이 전문인 해적과 손을 잡았다는 것이 신기한 일이다. 개인이나 조직은 원래 익숙하게 하던 일을 잘한다. 그들은 배 안 가득 이탈리아 여자와 어린이를 잡아다가 해안가의 거대한 목욕장에 부렸다. 잡아다가 부리고, 먹이고, 씻기고, 성매매하기에 딱 적절한 장소를 건설하여 운용한 것이다.

한 시절 우리나라에서 호텔에 설치된 사우나 찜질방을 터키탕(튀르크)이라고 명명하였다. 돈 있는 사람들이 목욕하고 성매매도 하는 곳이었다. 나중에 터키 정부가 자국의 이미지를 실추시키는 용어라고 항의하여 더는 터키탕이라고 부르지 않게 되었다.

현재 러시아의 우크라이나 침략전쟁에서 러시아는 우크라이나의 어린이를 납치하여 자국의 국민에게 입양시키는 천인공노할 범죄를 저지르고 있다. 노예사냥과 무엇이 다른가. 전쟁 후 유엔 형사재판소는 러시아의 어린이 납치 전쟁범죄자를 빠짐없이 잡아내 중범죄로 기소해야 할 것이다.

따지고 보면 우리 조선이야말로 세계적으로 가장 오랜 기간 국가 주도의 성매매를 저지른 역사를 갖고 있다. 조정을 비롯하여 지방의 모든 관청은 빠짐없이 관기(官妓)를 두었고, 관기는 관리를 접대하기 위해 밤마다 돌려가며 숙직 순서를 정했고, 한번 관기에 입적되면 그 어미의 딸도 관기로 끌어가는 못난 짓을 500년 동안이나 이어 갔다.

소설 속 이야기이지만 평민으로 사는 춘향이를 어미가 관기였다는 이유로 잡아다가 수청(성교)을 강요한 사또 변학도의 일화는 아무렇지도 않은 조선의 관행이었다.

근대에 이르러 아직 여성의 권리가 보장받지 못한 프랑스 파리에서 '발레리나의 화가'로 널리 알려진 에드가 드가(1834~1917)는 평생 여성을 주제로 한 작품을 많이 그렸다. 당시의 화풍은 그리스 여신이나 귀족 여성, 화가 자신의 애인을 그리는 것이 유행이었지만, 드가는 파격적으로 세탁부 여성, 카페의 여가수, 가련한 서커스 소녀, 성매매 여성, 머리를 빗는 여인, 모자를 파는 여성에 이르기까지 천대받고 하찮은 신분의 여성을 화폭에 담았다.

드가에게는 사랑하는 여인 메리 카사트가 있었지만, 일생을 예술과 결혼하겠다고 다짐하였고 독신으로 일관했다. 그는 '관현악단의 연주자들' 등의 그림을 그릴 때 남성 연주자들을 배경으로 깔면서 실은 무대 위의 발레리나들에게 초점을 맞추었다. 슬픈 발레리나의 표정과 애틋한 분위기에서 드가의 아픈 시선이 느껴지는 그림은 후에 명작으로 평가되었다.

드가는 예술가이지만 선택의 여지 없이 은밀한 창녀로 성매매에 나서야 했던 발레리나의 슬픔을 화폭에 담아 매춘의 비극을 보는 이들에게 전달했다. 19~20세기 파리의 날들은 쾌락과 성적 유희가 넘쳐나는 벨 에포크(남성에게 좋은 시대)의 시기였다. 이때 발레리나와 손님을 연결해주는 포주를 '스폰서'라고 불렀는데 이게 한국에 와서 룸살롱의 아가씨와 검사를 연계해주는 역할을 하는 사람을 수입 용어 그대로 스폰서라고 했고, 『검사와 스폰서』(정용재 외, 2011)는 검사의 성매매를 주제로 한 실화소설로 알려져 있다. 드가의 발레리나는 춤추는 여인의 슬픔을 담은 그림으로 남아있지만, 『검사와 스폰서』는 검사의 비리에 대한 분노를 고스란히 담았으니, 성매매는 시대를 뛰어넘어 슬픔과 분노의 도가니라고 할 수 있다.

언론보도에 따르면 2023년 현재 북한과 중국의 국경에는 상당수 북한 여성이 인신매매로 유흥가 등에 팔려서 성매매에 희생당하고 있고, 그녀들의 구제를 세계에 호소하는 목소리가 나오고 있을 정도이다. 같은 동포인 북한 여성의 고난에 대해 한국은 방관만 하고 있으니, 그런 우리가 튀르크나 에스파냐를 얘기한들 무엇하랴. 누가 누굴 탓한단 말인가. 더욱이 북한 여성의 고난은 중세가 아닌 지금 현시점의 얘기이니 가슴이 아프다.

이처럼 고대 제국과 중세 열강은 약소국을 점령하여 식민지를 개척하고, 그곳의 여자와 아동을 잡아다가 노예시장을 열면서 성매매 구조를 만들었다. 근대에 이르러 영국과 프랑스가 노예제를 폐지하면서 국가가 개입하는 성매매 구조는 사라지는 듯싶었지만, 아시아에서는 태평양 전쟁을 계기로 일본이 한국이나 대만, 필리핀 등 식민지의 여성을 납치하여 국가 주도의 성노예제를 운용하였다.

여성이 고통받는 참담한 시절이었다. 일본은 지금도 자신이 저지른 국가 주도의 성매매와 성폭력을 인정하고 사과하기는커녕 발뺌하고 부인하고 있다. 개인이 저지른 죄악은 잡아다가 단죄할 수도 있고 악행을 후대에 기록으로 전할 수도 있지만, 국가가 저지른 범죄는 국가가 은폐하거나 사과하지 않으면 해결할 수가 없다. 일본의 강제노역과 성노예, 위안부 문제가 지금까지 해결되지 않은 것은 일본 자체의 은폐와 부인을 일관하는 국가범죄 때문이다.

한국의 성매매 범죄

1980년대 군부정권을 거치면서 현재까지 벌어지고 있는 한국의 성매매 실태는 일본 식민주의의 잔재를 여실히 보여주고 있다. 지난 일화이지만 한국에서는 청량리 588 사창가, 미아리 집창촌을 필두로 전국의 도시마다 집창촌을 운영했다. 성매매 시장을 조직적으로 구성하고 운영한 것이다.

조폭이 성매매 구조를 장악하여 사실상 젊은 여성을 유인하고, 납치하여 감금하고, 성매매를 강요했다. 언론사의 취재를 살펴보면 조폭과 업주는 그렇게 유인 감금하여 성매매에 종사하는 성노예에게 예컨대 10만 원의 접대비 중 1만 원만 주고 9만 원은 자신이 갖는 방식의 착취 관행을 고착화했다. 성매매 여성은 업소에 유인될 때 화장품과 옷값 등으로 약 2,000만 원 내외의 사채를 업주에게 빌리고, 몇 년 동안 상환하지 못하면 이자가 불어 1억 원이 넘는 원리금을 빚지고 있으므로 빠져나올 길이 없다. 탈출해도 조폭에게 쫓기고 잡히면 폭행은 물론 벌금을 물게 된다. 지옥이 따로 없다. 이러한 실상을 모를 리 없는 경찰과 검찰, 지자체와 정부는 왜 문제를 해결하지 못할까?

언론과 시민단체는 조폭과 업주가 상당한 뇌물이나 접대를 수사기관의 경찰관 등에게 제공해왔다는 의혹을 제기하였다. 악랄한 조폭 두목의 검거 시도와 단속이 있을 때마다 정보가 사전에 누출되었고. 그로 인해 관련자들이 징계를 받기도 했다. 심지어 업주 중에는 전·현직 경찰관 등이 연루된 적이 있을 만큼 성매매 사업은 세금 없이 큰 돈을 버는 황금알이었다.

여성 성매매 종사자는 글자 그대로 노예였다. 2004년 노무현 정권 때부터 집창촌 단속을 본격적으로 시작하자 조폭과 기업형 매춘 조직은 대거 일본에 진출하여 도쿄 등 일본의 대도시에 '한국인 여성 접대부' 성매매 업소를 열었다. 한국인의 기업형 매춘 조직은 이후 필리핀에도 비슷한 사업체를 운영하는 등 국제적 망신살을 뻗쳤다.

한국인의 성매매 유형은 과거 태평양 전쟁 때 일본이 국가 주도로 식민지의 여성을 유인, 납치하여 성노예로 삼았던 구조를 비슷하게 빼닮았다. 식민주의의 잔재다.

성매매에도 햇볕정책이 필요하다

나는 2000년 말에 미아리 집창촌을 단속하여 '미아리 저승사자로' 명성을 얻은 김강자 종암서장을 만난 적이 있다. 만남의 이유가 성매매 논의는 아니었고, 집시법 위반으로 체포되어 종암서에 구속된 상태였는데, 일명 감방의 방장을 하던 내가 동지 한 분과 함께 서장님의 부름으로 셋이 따뜻한 차담을 나누었던 기억이 있다.

김 서장은 발언이 명료하고 사고는 합리적인 분이셨다. 20명의 우리 동료는 서장님의 배려로 풀려날 때까지 비교적 인간적인 대우를 받았다. 인상적이었다.

그런 김강자 전 종암서장은 2014년에 자신의 공로에 힘입어 제정된 성매매방지특별법의 의의에 관하여 법 시행 후, 성매매가 오히려 증가했다는 주장과 함께 부분적인 합법화 등 큰 폭의 개선이 필요하다는 취지의 주장을 펼쳤다. 정확한 실태를 파악하기 어렵고 조사기관에 따라 다르지만, 한국에서 성매매에 관여된 여성의 숫자는 33만 명에서 100만 명에 이르고 있다.

김강자 전 종암서장은 "집창촌은 일정 부분 양성화하여 관리하고, 음성적인 돈벌이 성매매는 철저히 단속하여 근절해야 한다. 광역경찰청에 성매매 전담부서를 두고 중장기 대책으로 성매매 여성에게 생계 대책, 일자리 제공, 의료 서비스를 제공해야 한다."라며 스웨덴처럼 종합적인 정책이 필요하다고 주장하였다.

말하자면 유형별로 차별화를 해야 한다는 뜻이다. 이어 초등학교 때부터 성적자기 결정권을 포함한 성교육이 필요하다고 강조했다. 한국의 사법기관에는 성매매 전담부서가 없다.

미국의 '하보스코프(Havoscope)'가 2015년 발표한 자료에 따르면 한국의 성매매 시장은 120억 달러, 약 12조 9000억 원으로 세계 6위였다. 우리나라보다 인구가 훨씬 많은 중국, 스페인, 일본, 독일, 미국 다음으로 큰 규모이다. 오마이뉴스 보도(2023.02.22)로는 2016년 한국형사정책연구원에서 발간한 〈조직범죄단체의 불법적 지하경제운영 실태〉 보고서에서 한국의 성매매 시장 규모는 하부스코프의 추정값보다 3배 높은 약 30조~37조 6천억 원에 달한다고 발표했다.

성매매 여성을 유인하는 방법도 지능적으로 진화하였다. 취업난, 구직 사이트에 이력서를 공개한 20대 여성에게 이상한 제안을 하는 수상한 카페가 있고, 피해자에 따르면 룸카페, 보드게임카페 등 자칭 '○○카페'의 실체는 불법 성매매 업소였다고 한다.

성매매를 합법화하고 국가관리를 하는 나라로는 독일과 네덜란드, 호주가 있다. 이탈리아, 프랑스, 영국, 체코의 경우 성매매는 허용하되 알선과 호객행위는 금지한다. 스웨덴이나 프랑스 등은 성매매를 금지하되 성매매 여성은 보호하고 성 구매 남성과 알선자를 처벌하며, 성매매 여성의 생계와 의료, 취업을 지원한다.

성매매는 음지로 들어갈수록 덩치가 커지고 피해는 늘어난다. 문제는 성문화에 대한 사회의 시선이다. 어릴 때부터 건강한 성교육을 받고 성장기에 성적자기 결정권을 생활화한 나라의 성문화는 비교적 바람직한 모델로 소개되고 있다.

중세 때부터 성매매를 국가적 폭력 구조로 만들었던 서구사회는 이제 그 어두운 그림자를 걷어내고 햇볕 사이로 걸어들어왔다. 반면 한국의 성매매 대책은 어두운 그늘 속에서 아직 제자리 뛰기를 반복하고 있다. 내 누이이자 자매이고 형제인 그녀들의 눈물은 아직 마를 새가 없다. 그녀들의 극한 불행이 지속하는 한 우리 사회는 안녕하지 못하다.

10장

들판에 피는 꽃, 성교육

나는 야한 여자가 좋다 | 사랑 교육의 등가 가치, 성교육 | 학생과 교사의 눈물 스쿨 미투
성교육자 자격 | 성교육자 요건 | 성교육 학습전략 | 성교육자 교육기술

10장. 들판에 피는 꽃, 성교육

나는 야한 여자가 좋다

유미적 쾌락주의 에세이로 분류되는 작품『나는 야한 여자가 좋다』(1989)의 작가 故 마광수의 삶은 불우했다.

그에 대한 평가는 지금도 분분하다. 그는 연대 국문과에서 윤동주 연구로 박사학위를 받은 후 28세에 최연소 전임강사(홍익대)로 임용되었고, 연대 국문과 교수로 장래가 촉망되는 학자였지만 학계에 만연된 지적 허영의 위선적 학문풍토를 비판하며 심연에 깃든 성의 정서를 시와 에세이로 펴내면서 공공의 적이 되었다.

현재의 시각으로 살펴보면 음란소설의 범주에 들어갈 수 없는『즐거운 사라』,『나는 야한 여자가 좋다』등이 음란소설로 규정되어 그

여파로 처벌받고 교수에서 해직(1992)되는 어처구니없는 사건이 벌어졌다.

물론 마광수 교수의 야한 소설이 당시의 학문적 풍토에서 지나치게 선정적이었던 것은 틀림이 없다. 그러나 문학의 영역은 비평과 평론으로 해결해야지 사법적 잣대를 들이댄다는 것 자체가 어불성설이라는 지적이 잇따랐다. 그러거나 말거나 마 교수는 해직되었고 이후 가난하고 불우하게 살다가 극단적 선택으로 유명을 달리했다.

본래 야한 여자의 야(野)는 공자의 논어(八佾編)가 출전이다. 공자는 "남녀의 애정행각은 결코 숨길 일도 아니고 일부러 아름답게 꾸밀 일도 아니다"라고 말했다. 공자는 또한 시편에서 요조숙녀는 군자의 좋은 짝이니 서로 어울려 연애하는 것이 당연하다고 부추겼다. 야하다는 것은 들판(野)처럼 자연스럽고 당연하다는 뜻이었다.

옛 시절 어깨에 힘이 들어간 동네의 중년들은 물레방앗간에서 몰래 짝을 짓고, 천방지축 젊은 갑남을녀는 달빛 고운 밤 보리밭이나 밀밭으로 밀려나 살을 비볐다. 물레방앗간이나 밀밭은 지붕이 있거나 없거나 들판이기는 마찬가지다. 고대의 자연스럽고 당당한 표현인 '야하다'는 현대의 1989년 대한민국에서는 금지어였던 셈이었고, 그래서 『나는 야한 여자가 좋다』를 집필한 마광수 교수는 감옥에 갔던 것이다.

1980년대는 광주 민주화 운동을 기점으로 한국 현대사의 분기점이 형성된 시기였다. 사회적 요구도 많았지만, 금기(Taboo)도 만만치 않은 시대였다. 군부독재 청산과 대통령 직선제 요구는 마광수 교수의 성 해방 문학, 전교조의 교육 민주화, 여성단체의 호주제 폐지, 성폭력 예방 등 사회운동과 저항운동에 불을 지폈다.

봇물 터지듯 터진 해방운동의 결과는 명암이 엇갈렸다. 마광수의 유미주의 문학은 마녀사냥을 당했고, 전교조의 교육 민주화는 1,500명 교사의 해직으로 귀결되어 참교육이 세워지지 못했다. 그러나 여성운동은 성폭력방지 특별법(1994)과 호주제 폐지(2005)로 귀결되었으며, 청소년의 선거연령 18세 운동은 후대에 이르러 결실을 보았다.

군부독재의 깊은 밤은 민주화의 새벽으로 이어졌지만, 개혁의 공론화는 미흡하고 희생은 막대했다. 약한 시민은 집에서 통곡하고 들판에서 쓰러졌다.

우리에게 1980~1990년대는 무엇이었는가? 68혁명의 기시감이 느껴지지 않는가? 일부 내용은 분명히 그렇다. 서구의 68혁명이 가져온 변화는 국제질서 차원에서 더 분명해 보인다. 전쟁 반대 운동, 프라하의 봄 등을 통해 붕괴한 소련의 냉전체제, 민중과 청년, 여성, 유색인종의 발언권 확대, 노동운동의 제도화 등 체제개혁은 이후 성 평등과 성 해방, 아동 인권과 생태주의, 진보적 가치를 세계적으로 확대하는 결과를 낳았다.

68혁명으로 인해 UN의 기본인권 헌장이 제정되었고, 각국은 국가 교육과정을 통해 학생에게 성교육을 할 수 있다. 물론 68혁명의 근원지가 프랑스와 독일이었기에 가능한 일이다. 사회적 화두의 각 쟁

점은 언론의 논쟁으로 번졌고, 억압받는 대중의 해방적 요구로 이어졌다.

러시아의 우크라이나 침략으로 빚어진 대량학살(제노사이드)을 대하는 유럽의 반발과 분노의 태도는 전략적 개념이지만 역시 68혁명 때부터 시작된 인권의식의 발로라고 할 수도 있다.

우리 1980년대 사회혁명은 대통령직선제와 의회 민주화를 이루어냈다. 즉 정치체제에서 군정(軍政)을 폐지하고 민주정을 이루어냈지만, 끝내 사회정(社會政)을 쟁취하지는 못했다. 사회개혁의 주제는 개인과 개인, 개인과 사회, 검찰과 태극기 부대의 질곡을 넘어서지 못했고, 언론의 타락으로 사회적 공론화를 끌어내지 못했다.

교육계는 더 처참했다. 전교조 교사 대량 해직은 모처럼 태동한 참교육 정신을 정책화하지 못한 채 관료주도의 5·31 교육제도로 대체되는 결과를 자아냈고, 역대 정부는 선진국형 교장 보직제와 학점제를 거부하여 학교를 퇴행시켰다.

문재인 정부에서도 비극은 지속되었고 나아가 미투 운동의 연장선상에서 왜곡된 정부의 지침으로 학교 미투가 성행했으며, 그로 인해 수많은 교사가 억울하게 징계와 해직 피해를 보았다. 한국의 87혁명은 유럽의 68정신을 계승하지 못했다. 안타까운 일이었다.

사랑 교육의 등가 가치, 성교육

심지어 박근혜 정권에서 태극기 부대를 등에 업고 시도되었던 역사 교과서 국정화 사태나 순결교육 등을 강조했던 성교육 표준화 정책은 잠시 숨을 죽이고 있다가 최근 2022 개정 국가교육과정의 '태극기 부대 난동'으로 다시금 부활하였다.

단순히 보수적인 국가교육위원회 위원장을 비롯한 교육부 장관의 문제를 뛰어넘어 핵심적인 종교계 태극기 부대가 교육과정 공론화장에 난입하여 점거하면서 욕설을 내지르고 폭력을 저지르면서 존재감을 드러냈다. 그 과정에서 역사교육과 보건교육이 일부 폄훼되고 침탈되었다.

특히, 학생 성교육에 대한 극보수 집단의 공격은 도를 넘었고, 학교교육의 전문성이 부재한 집단 등에 영향을 받아서 국제적인 표준어이자 박근혜, 이명박 정부에서도 사용되었던 섹슈얼리티 같은 용어들이 국가 교육과정에서 삭제되었다. 한국의 성교육이 1968년 이전으로 후퇴한 것이다.

이는 우리 사회의 의식 수준을 나타낸 것으로서 재수정 작업이 이루어지지 않는 한 국제사회에서 한국의 교육문화 인식은 현저히 낮아질 전망이다.

성교육은 사랑 교육을 수반한다.

각종 설문 조사 결과에서 고교생이 바라는 성교육의 핵심은 '사랑

나누기'이다. '성교육 = 사랑 교육'이다. 사랑과 성은 공자님이 말씀하신 야(野)한 정서의 바탕이다. 들판(野)은 아무것도 보이지 않는 것처럼 느껴지지만 바람과 햇볕, 온갖 동식물의 요람이자 생명의 터이다. 금기시하고 백안시하는 성과 사랑의 문제 인식은 많은 것을 배태하고 성장시키는 터전이다.

학생 성교육은 그 중요성에 비추어 법률적 근거를 갖는다. 교육기본법, 양성평등기본법, 초·중등교육법에 명시된 학생 성교육의 법률적 의미는 다음과 같다.

첫째, 학생과 청소년은 자신의 성적 행동을 결정하고 선택할 성적 자기 결정권을 갖는다.

둘째, 성적 행위를 반대하고 거부할 소극적 권리를 갖는다.

셋째, 성적 행위에 대해 의미 있는 동의 및 반대를 할 인격적 권리를 갖는다.

넷째, 자신과 타인의 성적 인격을 존중하는 기본적이고 법률적인 사회권을 보장받는다.

이러한 권리는 헌법 제10조 "인간의 존엄과 가치 그리고 행복을 추구할 권리"에 기인한 것이다. 자신의 성적 행동을 결정할 권리를 가지려면 먼저 청소년이 성적 존재라는 사실을 사회가 인정해주어야 한다.

우리나라는 교육기본법 등에 청소년의 건강한 성을 보호하고 교육받을 권리를 법적 체계에 보장하고 있다. 성교육을 반대하는 것은 위법일 뿐만 아니라 청소년의 인간존재를 아예 부정하는 것이다.

학생과 교사의 눈물, 스쿨 미투

미투는 성폭력 피해자들이 SNS를 통해 자신의 피해 경험을 연달아 고발한 현상이다. 다음 백과에 따르면 미투는 사회에 만연한 성폭력의 심각성을 알리고 피해자 간 공감을 통해 연대하는 것을 목적으로 한다.

이는 본래 2006년 미국의 사회운동가 타라나 버크가 성범죄에 취약한 유색인종과 여성 청소년을 위해 시작한 캠페인이었다. 이후, 2017년 10월 배우 알리사 밀라노가 트위터를 통해 제안하면서 빠르게 확산했다. 제안 직후부터 많은 사람이 SNS에 자신이 겪은 성폭력을 고발하고 '미투 해시태그(#MeToo)'를 붙여 연대 의지를 밝혔다.

지금까지 전 세계 80개 이상 국가에서 미투 해시태그를 통한 성폭력 고발이 이어졌으며, 특히 사회 각 분야에서 빈번하게 발생하는 권력형 성폭력의 심각성에 주목하는 계기가 되었다.

한국의 미투 현상이 국제적으로 알려진 것은 유력한 대선후보 중 한 명이었던 광역 지자체장이 위력에 의한 간음으로 처벌을 받으면서이다. 이후 유사한 혐의로 부산시장이 구속되고 서울시장이 자살하는 등 세계를 놀라게 하였다.

미투 현상은 한국 사회의 모든 분야로 번져서 수많은 남성이 그로 인해 삶을 망쳤다. 심지어 문화예술계, 방송계, 교육계에서는 수년 전은 물론이고 수십 년 전의 식자자리 성추행 의혹까지 봇물 터지듯 까발려지면서 처벌과 퇴출이 속출했다. 시인 고은을 비롯한 문학계의 숱한 인사가 혐의를 받아 수상을 취소하고 문단에서 퇴출당하는 사태가 벌어졌다.

마치 중국의 문화혁명 사태와 비슷한 양상을 띠었다. 공중파의 토론 프로에서 미투에 걸리지 않은 어느 대학교수는 미투에 걸려 억울하다는 목소리에 대해 한국의 맹렬한 미투 현상을 '올바르게 진화하는 과정의 통과의례'라고 아무렇지도 않게 발언했다. 그렇다. 누구는 죽고 누구는 피해가고 누구는 고발하는 문화 대혁명 때도 개인의 억울한 희생은 대를 위한 소의 희생이고 우연이었을 뿐이었다고 합리화했다. 사실 피해 학생이나 가해로 지목된 교사 모두 열악한 제도의 피해자이기도 하다. 판단하기가 참 어려운 문제다.

학교에서도 미투 현상은 치열했다.

교육부의 스쿨 미투 안내서는 '검찰의 먼지떨이 수사'보다 한 수 위다. 학생이나 학부모가 실명이든 익명이든 교사를 성폭력이나 아동학대 혐의로 신고하면 학교장은 즉시 교육청에 보고하고 교사를 수업에서 배제한다. 진위를 따질 필요는 없다. 그건 나중 일이고 우선 수업을 못 들어가게 한 후, 학생을 대상으로 수년간의 혐의를 전수조사한다.

익명 혹은 실명을 전제로 한 설문 조사에서 이것저것 의혹을 싹쓸이하여 모은 후, 범죄 여부를 성고충심의위원회에 부쳐서 판단하게 한다. 신고하는 학생이 목격하거나 어디에서 들은 소문이거나 간에 그에 대한 교사의 항변이나 팩트 부정은 고려 대상이 아니다. 신고 항목의 성추행 · 성희롱 여부만 따진다. 교사의 해명이나 진위는 따지지 않고 학생들이 느낀다고 주장하는 성적 모욕을 우선시한다.

성고충심의위원회는 본래 교직원 간의 성희롱 문제를 판단하기 위해 설치한 자문기구다. 법률가가 위원으로 참석하지만 여기에서 교사의 유 · 무죄를 판단하는 것은 소가 웃을 일이다. 위원회는 자신들의 판단 여부가 유·무죄를 확정 짓는 것이 아니므로 억울하다면 사법당국이나 재판부에 진실을 규명해 달라는 소송을 하라고 너그럽게 부연설명한다. 그러나 사법당국이나 재판부는 거꾸로 기소와 재판에서 위원회의 유 · 무죄 여부를 상당한 양형의 근거나 범죄혐의의 정황 증거 과정으로 참고한다.

요즘은 학생에게 신고당한 교사들이 학교, 교육청, 구청, 경찰서에서 동시다발적으로 조사를 받는다. 조사받다가 죽을 판국이다. 2023년 5월 시도교육감협의회에서는 교육감이 학생이나 학부모의 신고만으로 교사가 수업 배제와 직위해제를 당하는 규정을 고쳐달라고 교육부에 제의했다. 2023년 5월 스승의 날을 맞이하여 교원단체 주관으로 시행한 교사의식 설문 조사에서 '다시 태어나면 교사가 되지 않겠다’라는 답변이 80%에 달했다.

여기까지가 대한민국 교육계의 한계이고 민낯이다. 마저 얘기하자면 학교의 성고충심의위원회에서 피해협의가 나오면 교사는 곧바로 직위를 해제하고, 징계위원회에서 징계를 확정하면 경찰은 수사에 들어간다. 일사불란하다.

검찰이 기소하고 재판을 진행하는 수년간의 과정에서 어떤 교사들은 제대로 피의자 방어권을 행사하지도 못한 채, 자살하거나 패가망신을 당하는 일이 벌어졌다. 교사들이 먼지떨이 조사와 수사로 시달리는 동안 SNS 등으로 문제를 제기한 학생의 고발을 나팔 불었던 언론은 죄의 유무와 재판 결과에는 아무 관심이 없다.

누구는 죽고, 누구는 패가망신하고, 누구는 유죄를 받는 동안 세상은 별일이 없고, 교육부 장관과 교육감은 무엇이 어떻게 돌아가는지 오불관언(吾不關焉)이다. 지식인에게 이러한 사태는 중국의 문화혁명, 6·25의 인민재판, 제주의 4.3 사건과 유사한 패턴을 지녔다고 지적하였다.

스쿨 미투의 실제 사례를 한번 살펴보자.

교사에 의한 성추행 및 성희롱 피해 제보가 SNS에 쏟아지자, 2016년 12월 서울시교육청은 학생 성추행·성희롱 의혹이 불거진 강남의 S 여중을 전면 감사했다. 전체 학생을 상대로 모든 교사의 지난 수년간의 성희롱 및 성추행 사례를 고발하는 설문 조사를 시행했다. 적발된 수십 명의 관련 교사가 경고나 주의를 받았으며, 현직 교사 5명을 직위 해제하였다.

이들 중, 전직 교사 1명을 포함하여 8명의 교사를 경찰에 수사 의뢰했다. 경찰은 그중 3명을 검찰에 넘겼고, 담당 검사는 구속영장을 청구했다. 구속영장은 기각되었지만, 이후 3년여에 걸친 긴 재판이 이루어졌다. 재판이 종료된 2019년 7월, 성추행 혐의로 재판을 받은 세 명 중 1인은 무죄, 1인은 유죄, 1인은 재판 중에 극단적인 죽음을 맞이했다.

유죄를 받은 해당 교사와 변호인은 "성추행의 증거가 없고 증언에서도 혐의를 입증하지 못했는데 벌금형 유죄를 선고한 것은 재판부가 검찰의 주장만을 전면 수용한 것으로 판단이 오염되었으며 2심에서 반드시 무죄를 입증하겠다"라고 항변했다.

그러나 2심에서도 교사 1명의 성추행은 유죄로 확정되었고, 1심에서 성추행 무죄를 받은 교사 1명은 검찰이 돌연 아무런 추가증거 없이 공소장만을 아동학대로 변경하여 벌금형을 구형했다. 재판부는 검찰의 아무런 추가 증거가 없음에도 검찰의 항소를 수용하여 벌금형 유죄를 선고했고, 해당 교사는 징계위원회에서 해임을 당했다.

해임을 당한 교사는 이후 과도한 해임 징계가 부당하다는 민사재판의 판결에 따라 복직되었다. 폭풍 허리케인이 지난 자리처럼 학교는 무참하였고, 설문 조사에 기표하여 교사를 고발한 제자들의 아픔은 또한 어떠했을지 가늠할 수 없다.

나는 당시 국가인권위원회 교육 분야 전문위원을 하면서 이들의 법정 모니터링을 빠짐없이 하였고, 재판 구형에서 징역형을 구형하는 검사에게 그 부당성을 공개적으로 지적하였다. 판사의 요청에도 불구하고 신고한 학생은 단 한 번도 법정에 나오지 않아 변호사의 반대신문이 이루어질 수 없었고, 피고인의 혐의 부정에도 판사는 학생의 신고 사항을 전부 증거로 채택했다. 그것은 재판이 아니고 즉결처분이었다.

2018년 인천에서는 고교 국어 과목에 등장하는 고대가요 '구지가(龜旨歌)'의 문학적 해석을 놓고 인천의 한 여고 교사가 성희롱 논란에 휩싸여 끝내 파면을 당했다. 구지가에 나오는 '거북아, 거북아 머리를 내어라'란 대목에서 거북이 머리가 남성의 성기인 '남근(男根)'으로도 해석된다는 교사의 설명이 문제가 됐다. 이러한 설명은 국문과 학계에서도 발표한 학문적 근거의 인용이었다.

문제가 될 것이 전혀 없었다. 경찰은 내사나 조사조차 하지 않았다. 그러나 학교는 인천시교육청의 지휘를 받아서 일사불란하게 움직였다. 수업받은 학생을 대상으로 해당 교사의 성 비위 여부를 탈탈 털어 설문 조사했고, 학교폭력대책자치위원회와 성고충심의위원회를 열어 수업 배제와 징계 요구를 결정하고 인천시교육청에 보고했다.

해당 교사는 지난 30년간 교단에서 같은 내용의 수업을 가르쳤지만 아무런 문제가 없었는데도 학교 측이 일부 학생과 학부모 얘기만 듣고 자신을 성희롱 교사로 낙인찍었다고 항의했다. 문제의 발단은 한 통의 전화였다. 학부모라고 자칭한 사람 1명이 학교에 해당 교사의 수업 내용을 시비하는 전화를 했고, 학교는 교육청과 논의해 즉각 교사의 수업 배제와 징계에 착수했다.

이 사건은 기이하다. 특정된 피해 학생이 한 명도 없다. 경찰 조사도 이루어지지 않았다. 다만 당해 학교 관계자의 말에 의하면 재단 이사장인 목사의 엄벌 의지가 매우 강하다는 것이다. 필자는 이 학교의 교장과 교감 선생님을 만나서 해당 교사의 억울함을 지적하며 징계 취소를 요청했다.

돌아온 대답은 이사장 목사의 분노가 엄정하다는 것이다. 이는 곧 평소 학교 민주화에 앞장선 해당 교사에 대한 분노라고 느껴졌다. 이 과정에서 많은 교사와 교수들, 인권운동가들이 해당 교사를 옹호했으나 교사는 파면되었고, 교원소청심사위원회에서 해임으로 감면되었을 뿐이다.

2017년 8월 성희롱 혐의를 받고 있던 전북 부안군의 한 교사는 경찰 수사에서 무혐의를 받았으나 교육청 감사과는 인권센터 결정을 근거로 징계 절차를 진행했다. 이를 억울하게 여긴 해당 교사는 그 부당성을 지적하면서 목숨을 끊었다.

광주광역시 도덕 교사인 배이상헌은 평생을 성교육과 도덕교육에 헌신한 교육운동가이다. 배이상헌 선생님은 '성과 윤리' 단원 수업 중에 학생들에게 단편영화 한 편을 감상하게 했다. 프랑스에서 만든 '억압당하는 다수(Oppressed Majority)'라는 유명한 작품이었다. 이 영화는 소요시간 11분짜리로 남자와 여자 간 전통적인 성 역할을 뒤바꾼

일명 '미러링 기법'을 사용하였고 핵심내용은 성 불평등 고발이었다.

영상은 성 역할을 바꿔보는 성인지 감수성 수업자료로 활용되었다. 이와 같은 수업이 국민신문고에 '성적 수치심'으로 고발되는 민원이 교육청에 접수되었다. 광주시교육청은 이를 '교사의 성 비위'로 보고, '학교 내 성희롱·성폭력 대응 매뉴얼'에 따른 수업 배제 조치를 취했다.

배이상헌은 '교권침해'라며 이를 수용하지 않고 수업을 계속했다. 이에 광주시교육청은 수업을 받았던 1, 2, 3학년 전체를 대상으로 먼지털기식 설문 조사를 시행했다. 그 결과 배이상헌 교사가 수업시간에 성적으로 부적절한 발언을 했다는 신고를 받았다.

해당 학교의 성고충심의위원회에서 배이상헌 교사의 신고내용에 관해 성희롱이나 성추행이 아니라고 판결했음에도 불구하고 교육청은 신고내용을 트집 잡아 수사를 의뢰하고 배이상헌 교사를 직위 해제했다. 교사의 사실 확인 여부는 당연히 반영되지 않았다. 필자와 중앙대 김누리 교수는 신문 칼럼(김누리, 한겨레신문 / 김대유 교육플러스)을 통해 배이상헌 교사의 징계에 대한 부당성을 지적하였고, 전국의 수백명 교사가 그를 응원했으며, 나는 직접 배이상헌 교사를 만나 법률적 과제를 논의했으나 그는 결국 징계를 당했고 이후 복직할 때까지 많은 고초를 감내해야 했다.

당시 이러한 사태는 교육감 선거에서 현직 교육감의 반대편에 섰던 배이상헌 교사에 대한 보복성 징계라는 말이 떠돌았다. 배이상헌 교사는 이후 천신만고 끝에 복직되었으나 힘겹게 암 투병을 치러야

했다. 2023년 현재도 그를 응원하는 수백 명의 교육계 인사는 단체 카톡을 운영하고 있다.

스쿨 미투 현상에서 학교는 스쿨 미투의 온상이고 이를 일벌백계하는 교육청은 선으로 비친다. 불특정 소수든 익명이든 신고가 접수되면 교육청이 나서서 감사에 착수하고, 설문 조사를 통해 교사의 수년간 성희롱 실태를 조사한다. 보통 익명으로 시행되는 설문 조사를 통해 교사의 혐의가 고발되면 수업 배제, 직위해제, 경찰 수사가 즉각 이루어진다. 결과에 따른 처벌이 아니라 고발에 따른 처벌이다.

서울 S 여중 등의 경우 해당 교사뿐 아니라 전체 교사에 대한 설문 조사도 이루어져서 수십 명의 교사가 징계 대상으로 찍혔다. 이 모든 과정은 우리나라의 전문 직종에서 교사들에게만 적용되는 메뉴얼로 보인다.

한번 보자. 예컨대 SNS나 신문고를 통해 특정 검사나 판사가 성희롱·성추행 혐의 대상으로 민원이 제기되면 법무부나 대법원이 해당 검찰청과 법원의 모든 판검사와 직원을 대상으로 먼지털기식 전수조사할까? 직원들에게 판검사들이 지난 몇 년간 성희롱 및 성추행 발언이나 행위를 했는지 설문 조사하고, 혐의가 나오면 당사자를 즉각 수사하거나 재판 업무에서 배제하고 직위해제와 수사 의뢰를 할까?

교육부나 교육청에도 이렇게 적용하는가? 그렇지 않다. 학생 교육은 특별히 중요하니까 학교만 특별히 그렇게 한다고 말한다면, 할 말은 없다. 하지만 지나치다. 백번 양보해서 학생의 신고가 있고 약간의 문제가 있으면 교육 이수를 지시하거나 전문기관에 파견 연수를 보내면 되는 것이지 곧바로 직위해제와 경찰에 고발하여 수십 년 교직 생활을 끝장내게 하는 것은 교육 당국의 역할을 포기하는 것이다. 참 나쁜 교육부와 교육청이다.

스쿨 미투의 정책과 사례에서 살펴볼 수 있는 공통점이 몇 가지 있다.

첫째, 사건의 발단은 SNS나 국민신문고, 공중전화 신고 등 불특정 소수를 포함한 고발로 촉발된다.

둘째, 교육부와 교육청이 정한 메뉴얼에 따라 학생을 대상으로 해당 교사나 전체 교사의 수업에 대해 전수조사를 시작하고 성희롱 혐의를 제기하면, 즉각 수업 배제와 직위해제가 이루어진다. 대개는 경찰에 수사를 의뢰한다.

셋째, 가해자인 교사 혐의는 수사나 재판의 결과가 나오기 전에 여론몰이의 먹이가 된 데 비해 어처구니없게도 피해 학생의 고통이나 사례는 입증되는 경우가 드물다. 스쿨 미투에 '스쿨'이 없고 '학생'도 없다.

넷째, 교육부 스스로 위법과 초법적으로 스쿨 미투 정책을 시행하고 있다.

교육부 메뉴얼에 따르면 학생의 성추행 피해를 지금은 교육청으로 옮겼지만, 당시에는 학교폭력대책자치위원회(이후 성고충심의위원회)에서 판정하도록 하고 있다. 이는 명백한 위법이다. 같은 법 2조에는 그 대상을 가해 학생과 피해 학생으로 특정해 법 대상의 범위를 학생만으로 한정하고 있다. '학생을 대상으로'란 문구는 학교급 간, 지역 간 문제를 쉽게 해결하려는 방편일 뿐이다. 교사와 학생의 성희롱·성추행 여부를 성고충심의위원회에서 판정하는 것도 초법적 행위다. 이 규정은 교직원 간의 문제만 다루도록 설정된 것이다.

윤석열 대통령과 이주호 교육부 장관은 이와 같은 모순을 해결하기 위해 무엇을 해야 할지 '고민'해야 한다. 때마다 온 나라를 뒤흔드는 스쿨 미투 문제의 '진짜 문제'는 교육부의 '아무것도 안 하려는' 복지부동에 있다. 대안이 없는 것도 아니다. 교사를 아동학대 관련법 대상에서 제외하고 성 문제로 신고된 교사는 법원의 유죄가 선고되기 전까지 직위해제를 하지 않아야 한다.

피해 학생과 교사의 학급을 교체하거나 별도의 조치를 취하는 것은 필요한 일이지만 즉각 수업 배제를 하는 것은 교권침해다. 그렇게 하면 안 된다. 교사도 학생과 같이 헌법이 보장한 기본권을 누리게 해야 한다. 독일 등에서는 성희롱 시비가 벌어지면 양자를 학교 밖으로 이동시켜서 양자 간의 문제를 해결하도록 한다. 한국의 사례는 세계 어디에서도 찾아 볼 길이 없다.

필자는 지난 20년간 공중파 언론에 나올 정도로 심각한 학교폭력 피해 학생의 상담을 맡아 봉사해 온 경험이 있다. 개인적으로 국가인권위원회의 교육 분야 전문위원을 하면서 학생과 학부모의 억울한 눈물을 닦아준 적도 있다. 나는 『학교폭력 우리 아이 지키기』를 공동 저술한 김현수 정신과 전문의와 손잡고 관련 시민단체에 참가하여 체계적으로 학교폭력 피해 · 가해 학생을 상담하고 선도하였다.

학교에 학교폭력 예방을 위한 CCTV를 설치하고, 학교폭력예방법을 제정하는 데 앞장섰다. 그 공로로 김현수 전문의와 나는 경찰청장상을 받았고, 경찰의 날에 경찰청에 초청받아 경찰 간부에게 거수경례도 받고 강연도 하였다. KBS 아침마당과 MBC 특별프로그램 생방송에 출연하여 교육부 장관과 대담을 나누며 우리나라 최초로 대학에 학교폭력 예방과목을 설치하도록 제안했다.

내 제안에 힘입어 지금도 대학은 예비교사를 위한 교직과목에 학교폭력 예방과목을 운영하고 있다. 자화자찬한 것 같아서 쑥스럽다. 그렇지만 하고 싶은 얘기가 내 활동과 관련이 있어서 소개하였으니 독자님들께 양해를 구한다.

학교폭력 피해 학생과 가족은 언론 보도가 지나간 자리, 사법당국의 법적 조치가 끝난 자리가 얼마나 황폐한 지를 안다. 일이 끝나면 아무도 찾아주지 않는 황폐한 자리에 그들은 외롭게 선다. 그쯤에 그분들은 필자와 같은 전문 자원봉사자를 찾는다.

그런데 시대가 바뀌고 있다. 이번에는 정반합의 원리가 작동하는지는 몰라도 스쿨 미투에 억울하게 희생당한 교사들이 나를 찾는다. 학생들은 성폭력과 아동학대로 교사를 신고하면 자신들을 가르치는 선생님이 어떻게 되는지를 잘 모른다. 무엇을 뜻하는지도 잘 모르면서 교육청의 관련 설문 조사에 모든 말, 확인되지 않는 소문을 쏟아내고, 경찰과 구청의 담당자는 승진이 걸려서인지는 몰라도 대부분 사법처리로 몰고간다.

이번에는 교사들이 그 황량한 들판에 서 있다. 진짜 억울한 교사는 구제받아야 하는데, 지금처럼 캄보디아 킬링필드의 신고·처벌 체계나 다름없는 구조를 유지한 채 구제하기는 어렵다. 대통령과 교육부 장관, 교육감들이 제도개선을 하지 않으면 교사들은 무조건 희생당하게 마련이다. 동료 교사가 그렇게 당하는 것을 지켜본 교사들은 진정한 생활지도와 상담을 포기할 수 밖에 없다.

교사들이 신념을 갖고 가르치지 못하게 하는 제도가 지속하면… 사실 교사는 괜찮다. 월급이 안 나오는 것이 아니다. 아이들 비위 맞추며 세월을 보내면 된다. 지금 체제에서는 그렇게 하는 것이 맞다. 그래야 본인도 살고 가족도 부양할 수 있다. 그런데 눈물 나게도 우리 아이들이 걸린다. 대통령과 장관, 교육감이 아이들을 가르치고 돌보는 것이 아니다. 선생님이 하신다. 그런데 그 선생님이 아이를 외면하면, 바른말로 혼내고 달래고 감싸주지 않으면 어떻게 될까? 우리의 금쪽같은 자녀들은 누가 가르친다는 말인가? 가슴이 아프다.

성교육자의 자격

성교육에서 성교육자의 자기 이해를 정검하는 일은 학습자 보호에 대한 기본 전제조건이다. 스스로 성에 관해 선입견을 갖거나 그릇된 지식을 견지하고 있는 것 만큼 재앙은 없다. 다음의 물음을 우선 체크해보자.

- 성적 욕구와 상상력에 대한 수용 여부?
  - 생각과 욕구에 대해 죄책감을 물을 수는 없다.
- 젠더를 차별하고 남녀의 성적 욕구와 기준을 분리하는 등 전통적인 사고를 지녔는가?
  - 만약 그렇다면 성교육자의 자격으로 미달이다.
- 자기 신체의 매력에 대해 긍정적으로 사고하고 있는가?
  - 어떤 상황에 놓였더라도 자신의 신체에 관해 긍정적 사고를 해야 한다.

※참고 : 신체 이미지 평가하기(1. 매우 만족 2. 만족 3. 보통 4. 매우 불만족)

머리( ) 코( ) 입( ) 얼굴( ) 귀( ) 턱( ) 목( ) 볼( )

허벅지( ) 어깨( ) 손( ) 팔( ) 엉덩이( ) 가슴( )

무릎( ) 다리( ) 눈( ) 성기( ) 손가락( ) 발가락( )

팔꿈치( ) 배( ) 등( ) 종아리( )

- 점수가 높을수록(60점 이상) 열등감 ↑

성교육자의 요건

여기에서 제시하는 내용은 미국정신의학회, 의학 백과사전, 행복한 삶의 온도(김대유, 2020) 등에서 참조하였다.

- 유머 감각과 상호작용
  - 성교육자는 성에 대하여 개인이나 집단과 대화를 할 때 편안함을 느껴야 한다.
- 성교육자는 성행위가 개인의 문제를 뛰어넘어 사회 전반에 끼치는 영향에 대해 알고 있어야 한다.

"성적 행위는 사회적 문제임을 인식하고 있다."

  - 자격인증(Certification)이 자질(Qualification)을 말하는 것은 꼭 아니다.
  - 모두가 성교육자이지만 누구나 성교육을 가르칠 수 있는 것은 아니다.

성교육의 학습전략

- 학습 목표 및 목적

- 성교육의 내용은 교육 및 교육과정의 목적과 부합되어야 한다.
- 성교육은 교과서에 의해 체계적으로 학습되어야 하지만 다양한 프로그램 적용도 가능하다.

• 무엇보다 학습자 중심의 목표를 설정해야 한다.
  - 단원계획(Unit pian)과 수업계획(Lesson plan)은 다른 차원이다.
  - 학습자의 목표와 교사의 목표가 조화를 이루도록 노력해야 한다.
  - 목적, 내용, 경험, 자료, 평가를 포함해야 한다.

※ 사례(이야기)교육

풍부한 사례를 준비하는 것은 효과적이다. 사례교육에 있어서 다음의 요건을 고려해보자.

- 사례에 등장하는 사람들의 행동이 보편적으로 나타나는 것인가?
- 사례의 주제나 소재가 일상적인지, 특별한 일인지?
- 사례가 처음부터 일어났어야 하는 필연성을 지니는가?
- 사례에서 보여주는 행동의 결과가 무엇인가?

성교육자의 교육기술

• 기본사항 준수

- 교육의 기본원칙을 제시하고 학생과 공유한다.
- 학생의 욕구, 수준, 특성을 정확하게 파악한다.
- 효과적인 의사소통의 기술을 개발해야 한다.
- 부적절한 언어의 구사나 성 교육자 본인의 사례는 주의해야 한다.
- 학습 과정에서 학습자가 소외되지 않도록 주의한다.

• 기본규칙 설정
- 성에 대한 다양한 관점을 이해하고 존중.
- 교육시간에는 사회적으로 허용되는 용어를 사용.
(안 그러면 성희롱 시비, 즉 스클 미투 시비에 휘말릴 수 있다.)
- 학생의 사적인 성 경험이나 견해를 개방하도록 강요하지 말 것.
- 곤혹스러운 질문도 자연스럽게 수용하며 답변할 것.
- 교수자의 개인적인 사례(성 경험을 묻는다든지)를 묻는 말이나 공개를 재촉하는 행위에 대해서 그것은 학생과 마찬가지로 보호되어야 함을 강조.
- 정해진 학습 목표나 주제, 교육과정에 벗어나는 표현과 질문에도 적절히 답변.
- 답변이 마땅치 않으면 차시 과제로 넘겨서 미룰 것.
- 감정표현은 자유롭고 스스럼이 없는 것이 좋음.
- 성 정체성에 관한 학습은 다양한 정보를 제공하면서 될 수 있으면 평면적으로 수업.

- 적절한 유머가 따르는 수업이 바람직함.
- 교육 방해를 대비하기 위한 규칙을 정할 것(stop! 세 번 외치기 등).
- '너'보다 '나'라는 용어 중심 사용하기.

("너는 왜 매일 떠드니?" / "나는 경청할 줄 아는 사람이 좋아" 등등.)

- 눈 맞춤, 피드백, 칭찬과 격려 등.

※ 위 네 개의 성교육 주제는 세계보건기구, 미국정신의학회, 의학 백과사전, 행복한 삶의 온도(김대유, 2020) 등에서 참조하였다.

11장

섹스와 결혼 그리고 이별

독일의 누드 사우나처럼 | 섹스 장애와 변태성욕 | 섹스에 관한 오해와 이해
연애와 결혼의 판타지 | 이별에 관하여 | 졸혼의 시대 | 노년의 성

11장. 섹스와 결혼 그리고 이별

독일의 누드 사우나처럼

누드 비치와 누드 사우나는 조금만 용기를 내면 독일 여행에서 흔히 찾아볼 수 있는 풍경이다. 누드 사우나는 독일의 도시마다 있지만, 직접 가보면 '특별하지' 않다. 서로의 몸을 탐색하는 것은 이방인들뿐이고 목욕탕의 주요 고객은 비타민 D가 절실하게 필요한 그저 마을 사람들이다.

햇빛이 부족한 독일에서 누드 사우나와 누드 해변은 생존을 위한 환경이다. 별스럽거나 요란스럽지 않다. 그렇지만 시원한 사우나에서 빛나는 알몸의 청춘 여성들에게 으레 시선이 가는 것도 어쩔 수 없는 인지상정이기는 하다.

우리 생애에서 특별하게 생각하는 연애와 결혼, 이혼은 다시 생각하면 꼭 특별한 일은 아니다. 평범한 일상에서 한 꺼풀 벗고 누드 사우나에 들어가는 것처럼 낯설지만, 사실 누구나 겪을 수 있는 평범한 일이다.

연애와 결혼에 수반되는 섹스를 이해하려면 섹슈얼리티에 대한 지식이 필요하다. 섹슈얼리티(Sexuality)는 성행위에 대한 인간의 성적 욕망과 성적 행위, 그리고 이와 관련된 사회제도와 규범을 뜻한다. 문화콘텐츠 용어 사전에 따르면 섹슈얼리티는 욕망의 차원을 넘어 인간의 성 행동뿐만 아니라 인간이 성에 대해 가지고 있는 태도, 사고, 감정, 가치관, 이해심, 환상, 성의 존재 의미 등 모든 것을 포함한다.

현대에 이르러 성은 학습된 사회문화의 영향을 받았다. 학교의 성교육은 물론이고 속도가 빠른 인터넷의 음란물, 대중매체와 TV의 드라마 등 모든 것에서 영향을 받는다. 20세기 후반에 이르러 성은 여성해방 주의에 힘입어 생물학적인 규정을 떠나 젠더 개념을 갖추었다.

세계보건기구(WHO)는 여성의 건강에 대한 항목에서 섹스와 젠더의 차이를 "섹스는 남녀를 구분하는 생물학적·육체적 특성이고, 젠더는 특정 사회에서 남자와 여자에게 적합하다고 여겨지는 사회적 역할·행위·활동·자질을 각기 의미한다고 설명했다. 즉 자·웅(雌雄, female · male)은 섹스의 범주이고, '남자다운·여자다운(masculine · feminine)'은 젠더의 범주이다.

성 정체성 분류도 다양하게 설정했다. 성 정체성 종류는 남성 정체성, 여성 정체성, 젠더 퀴어적 정체성으로 분류하고, 성 정체성이 신체 성별과 일치하는 것을 시스젠더, 성 정체성이 신체 성별과 반대인 것은 트랜스젠더로(성전환자), 시스젠더에도 트랜스젠더에도 속하지 않는 성 정체성은 젠더퀴어라고 명칭했다.

퀴어 축제는 단순히 동성애자 파티가 아니라 이렇게 다양한 성 정체성을 가진 사람의 축제이다. 성적지향에 대해서도 여성애, 남성애, 다성애, 범성애, 무성애, 양성애, 동성애(레즈비언, 게이), 다자연애(비독점적 다자연애) 등으로 규정하였다. 이 모든 행위의 분류는 일찍이 킨제이 보고서의 연구에서도 도출한바 있다.

재미있는 것은 무엇이 성인가? 어떤 행위가 정상적인 성행위인가?에 대해서도 직업군에 따라 견해가 각기 다르게 나타난다는 점이다. 성에 대해서 생물학자는 '자연스러움'이라고 해석하고, 신학자는 '율법에 따른 금기'라고 설교하며, 정신분석가는 '고결하고 정숙한 상태'이거나 '결핍 동기를 채우는 이상행동'이라고 설명한다.

어린이는 성행위를 힘들고 고통스러운 행위로 인식하여 부모의 성행위를 목격하면 엄마와 아빠가 서로 싸운다고 생각하며, 중학생은 포르노 같다고 상상하고, 청년은 남녀 간의 친목 행위로 언급하며, 명상가들은 인내심을 시험하는 장애로 생각하기도 한다. 미국의 정신의학회(DSM)는 성적 건강(Sexual health)에 대해 신체와 정서, 사회적 안녕을 유지한 상태라는 개념을 넘어서 성 기능 장애와 변태성욕의 장애 준거까지 전제하고 있다. 장애를 극복하고 자연스러운 상태가 되는 것이 건강한 성이라고 규정한 것이다.

섹스 장애와 변태성욕

성 기능 장애의 기준은 성욕 장애(성욕 감퇴, 성적 혐오), 성적흥분 장애(남성 발기부전, 여성의 성적흥분 장애-섹스리스), 오르가즘 장애(남·여성의 오르가즘 장애, 조루증), 성교통 장애(성교 통증, 질경련증) 등으로 나뉜다. 이러한 장애는 신체적 요인이 있을 수 있으나 대개는 심리적 요인에 의한다.

대부분 성 기능 부전은 발기할 수 없거나 발기를 지속할 수 없는 남성의 발기부전과 성교 시 흥분이나 오르가슴을 느낄 수 없는 여성의 불감증으로 나누어진다. 전문치료사들이 구분하는 성 기능 부전의 유형을 살펴보면 성적 흥분이 어려운 성욕 감퇴, 정상적인 성적 자극에도 오르가즘을 느낄 수 없는 불감증, 성교 시 여성의 질 근육이 수축하여 성교가 어렵거나 불가능한 질경, 심한 통증을 느끼는 성교 불쾌증, 남성의 경우에는 발기부전 또는 발기해서 다른 방법으로 오르가즘을 느낄 수는 있지만, 여성의 질 안에서는 오르가즘을 느낄 수 없는 사정성 발기 불능, 질 안에 들어간 후 곧 사정해버리는 조루 등이 있다.

다 어려운 얘기지만 이러한 증상이 있으면 상담을 받거나 치료를 받으라는 뜻이다. 대부분 이러한 기능 장애는 불안 또는 성행위 및 성교시 상대자에 대한 부정적인 감정 때문에 생기며, 또한 성관계 외의 다른 감정적인 갈등도 성 기능 부전을 초래할 수 있다. 적절한 치료는 성 행위시 생기는 긴장을 이완시킴으로써 불안을 극복하고 기능부전을 완화해주지만 이러한 치료의 성공 여부는 기능부전의 종류와 개인에 따라 차이가 크다.

특정한 신체적 원인에 의한 기능부전은 반드시 의학적인 치료를 받아야 한다. 알코올 중독, 내분비 질환, 신경계 질환 등이 가장 많은 성 기능 부전의 신체적 원인이다. 심한 정신질환이나 인격장애에 의한 성 기능 부전은 전문적인 정신치료를 받아야 한다.

변태성욕은 특정한 소수 대상이나 행위, 상황을 포함하는 성적 충동, 환상, 행동이 정상범위를 벗어나 매우 강하고 반복적으로 지속하는 행위 등을 가리킨다. 노출증, 물품 음란증, 마찰 도착증, 관음증, 성 도착증, 성적 가학증, 의복 물품 관련 음란증, 소아기호증, 성적 피학증 등을 들 수 있다.

예를 들면 관음증은 다른 사람의 성행위를 엿보거나 다른 사람이 옷을 벗는 것을 보고 성적흥분을 느끼는 인간의 성적인 행동으로서 어느 정도까지는 거의 모든 사람이 관음증을 지니고 있다고 볼 수 있다. 인간을 비롯한 대부분 동물이 여러 형태로 자신의 성적 매력을 과시하는 것은 성적 유혹과 짝짓기 행위에서 정상적이지만, 엿보기가 단순히 성적 유혹의 한 요소가 아니라 성적 만족을 얻을 수 있는 유일하거나 주요한 원인이 될 정도면 관음증은 비정상적인 행위로 여겨진다.

성도착증은 유아기 또는 소년기의 잘못된 성적 행동으로 생겨 성인이 되어도 비정상적인 방법으로 성적 만족을 얻게 된다. 성도착증의 종류에는 여성의 물건에서 성적 만족을 찾는 것, 성적 흥분을 위해 남성이 여성의 옷을 입는 것, 괴로움을 당하거나 괴롭힘으로써 성적 만족을 얻는 것, 사춘기 이전의 아이와의 행위나 공상으로 성적 흥분을 얻는 것, 노출증, 관음증 등이 있다.

이를 치료하기 위해서는 자신의 행동을 성찰하고 혹시 장애가 있거나 변태성 도착증이 있다면 의사의 진단을 받아 빨리 치료해야 한다. 장애나 변태를 내버려 두면 성생활의 불행과 범죄 행위로 이어질 수 있다. 몇 해 전 현직 검찰의 모 지검장이 바바리맨 활동을 열심히 하고 다니시다가 신세를 망친 일이 있다. 치료를 등한시 여긴 탓이다.

지금은 대중매체에 섹스에 대한 정보가 넘치는 세상이지만, 정작 본인이 가져야 할 섹스의 방향이나 정체성은 전혀 모를 수 있다. 청소년이나 성인에게 모두 성교육이 필요한 이유다. 다음과 같이 생각해 보자.

첫째, 성교육과 섹스 지식은 무엇보다 자신의 성행동 때문에 초래할 수 있는 문제를 예방하기 위한 기초이다. 자신의 성행동이 어떤 의

미가 있는지 문제가 무엇인지를 알아야 한다. 무식하게 자신을 내버려 두면 교도소에 갈 수도 있고 망신살이 뻗칠 수 있다.

둘째, 종교나 전통윤리에서 강조하는 순결 논리나 이중 기준을 극복하기 위해서이다. 자유로운 연애와 서로를 존중하는 사랑은 제도와 종교에 따라 비난하거나 매도를 당하지 않고, 어떤 환경에서나 존중받아야 할 기준이 되어야 한다. 나에게 그러한 기준이 있어야 남들에게도 나의 섹스와 사랑을 인정받을 수 있다.

셋째, 인간의 성욕을 자연스럽게 인정하고 합리적인 출구를 찾기 위해 노력해야 한다. 그것이 제도 속의 결혼이든, 영혼이 깃든 사랑이든, 연애이든 간에 자신이 성적인 존재이며 타인도 그러하다는 것을 전제로 여길 때 출구를 찾을 수 있다.

넷째, 피임과 질병 예방 등 성교와 사랑의 문제에 대한 길라잡이 교육을 소홀하지 않고 잘 준수하며 실천하는 예의가 필요하다.

섹스에 관한 오해와 이해

남자는 자신감 넘치는 성기를 가지면 성생활이 활기를 찾을 수 있다고 믿고 성기 확대 수술을 하기도 하지만, 여자는 성교 통증과 질경련을 호소하며 섹스를 수용하지 못 하는 이도 있다. 이렇게 모순되는 상황을 지닌 커플이 짝을 이루면 섹스의 문은 아예 닫힌다. 허무한 인생이 되는 것이다.

사실 남자 관점에서 남자의 성기만큼 오해를 불러일으키는 물건도 세상에 흔치 않다. 오해의 배경에는 이유가 있다. 통계적으로 한국 남자의 성기 길이와 굵기는 작고 굵지 않다.

통계기관마다 다르지만, 종합해보면 세계에서 가장 크다는 콩고 남자는 18cm, 유럽에서 가장 길이가 길다는 프랑스 남자는 평균 16cm, 미국과 영국은 13cm, 독일은 14cm, 러시아는 13cm, 중국은 10cm, 아시아에서 제일 큰 일본이 11cm이고, 아시아의 최저 크기는 아무래도 북한과 한국은 9cm이다. 물론 발기된 평균 크기다. 페니스의 굵기는 길이와 대충 비례하기 때문에 그 면에서도 한국 남자의 성기는 볼품이 없다.

그러니까 자꾸 음경확대 수술에 현혹되는 것이다. 다행히 성행위에서 요구되는 만족감을 위한 성기의 강직성만큼은 국제적으로 중간 정도여서 '작은 고추가 맵다'라는 속담이 빈말은 아니다.

진짜 성교육을 제대로 받았다면 성기의 크기와 굵기가 섹스에 미치는 영향이 크지 않다는 것을 알 수 있다. 여성의 성기는 신축성이 뛰어나서 페니스의 길이와 굵기에 딱 맞춰서 작동한다. 페니스가 크면 넓게 벌어지고 작으면 작게 오므려져서 여성으로서는 크든 작든 별문제가 되지 않는다. 페니스가 너무 크면 통증을 유발하기 때문에 오히려 작은 것만 못하다는 여성도 있다.

지나치게 페니스가 길고 크면 자궁벽을 치고 그로 인해 질이 늘어져서 쾌감이 떨어진다는 여성도 있다. 페니스가 발기상태에서 5cm 정도면 정상적인 성행위를 하기에 아무런 장애가 없다. 대부분의 한국 남자는 아무리 작아도 5cm 이상은 유지하는 편이다. 만약 4cm 이하의 크기여서 섹스가 잘 안된다고 여기면 의사의 상담을 받아 볼 필요가 있다.

아름답고 뜨거운 섹스를 원한다면 평등한 영혼과 낭만적인 분위기를 나누기를 바란다. 인도의 성교범이라고 할 수 있는 카마수트라에는 그게 답이라고 쓰여 있다.

유튜브에서 보면 자위에 대한 호기심과 의문은 백문 백답을 낳아서 혼미할 정도다. 결론을 말하자면 성인남녀의 자위는 개인차가 있지만, 한 달에 한두 번 정도면 충분하고, 자위할 때 사정하는가도 개인의 건강 상태에 따라 차이가 있어서 적절한 인내심이 수반되어야 한다.

자위를 너무 자주하고 자위의 쾌감을 강화하기 위해 포르노에 집착하면 도박중독 증후군처럼 뇌에 중독의 방이 만들어져서 건강에 적신호가 켜질 수 있다. 무엇보다 포르노는 한꺼번에 도파민을 소진해서 실제로 성행위를 기대할 수 있는 흥분감을 저하시킨다. 그래서 일반 성인영화와 야동(포르노)은 질적으로 많이 다른 것이다.

성인영화는 이야기를 따라가면서 성기를 직접 노출하지 않는 섹스 장면에서 간헐적으로 흥분을 일으키기 때문에 포르노처럼 끊임없이 자극을 주지는 않는다. 포르노보다 성인영화를 보는 편이 낫다는 뜻은 아니지만, 건강을 생각하면 포르노보다는 성인영화가 적합하다고 할 수 있다. 어쨌건 스스로 판단할 문제이기는 하다. 자위 역시 신이 인간에게 준 쾌락이기에 그 자체도 성행위라고 할 수 있다.

성에 대한 의문과 답은 청소년에게는 보건 과목의 성교육 수업이 있고, 성인에게는 풍부한 독서, 연인과 대화하기 등 경로가 많다. 중요한 것은 사랑을 수반하지 않는 섹스는 매우 이기적이라는 것이다.

또한, 불가피하게 자위를 하더라도 스스로 자신의 몸과 마음을 어루만지며 자신과 대화를 하는 것이 좋고, 연인과 섹스를 나누고자 할 때도 역시 사랑의 마음과 대화를 선행해야 할 것이다. 세상에 사랑을 줄 수 없을 만큼 가난한 사람이 없고, 사랑을 받을 수 없을 만큼 부자인 사람도 없다. 사랑 없는 섹스는 공허하다.

연애와 결혼의 판타지

누구와 결혼할까? 사랑하는 사람과? 아무나? 아니다. 대개 사람들은 '결혼하자고 하는 사람과 결혼'한다. 아니라고 부정할 사람이 있다면 손들어보시라. 그럼 섹스는 무엇인가. 섹스는 혼자서 할 수 있는 자위를 포함하여 상대방과 나누는 성적 교감을 말한다.

섹스는 사랑을 수반하기도 하고 그렇지 않기도 한다. 남녀는 안정적인 섹스 생활을 영위하기 위해 결혼하지만, 결혼과 무관하게 독자적인 영역을 확보하고 있다. 결혼과 섹스는 조화를 이룰 수 있는 제도이지만 동시에 제도의 틀을 뛰어넘어 불륜으로 갈 때, 늘 비극이 발생하는 부조화를 이루기도 한다.

결혼과 사랑과 섹스는 동맹 관계이다. 그러나 언제든 은밀한 배신과 반란이 숨어있다. 다만, 인간은 섹스 없이는 살 수 있지만 사랑 없이는 살 수 없는 존재다. 사랑이 관계의 끈을 이어주는 유일한 존재임을 잊을 때 연애와 결혼은 위험에 빠진다. 그에 대한 함수를 이해하는 것은 위험을 예방하는 좋은 방법이다.

성과 사랑에 대한 몇 가지 오해가 남녀 간에 있을 수 있다. 예컨대 첫눈에 반하는 사랑이 진짜 사랑이다. 당연히 그럴 수 있다. 첫 만남에서 그 사람의 머리 위로 후광이 비쳐서 결혼했다는 사람이 있다. 문제는 지속성이다.

수십 년을 함께 살아야 하는 결혼생활에서 성적 흥분과 사랑의 감정을 유지하는 것은 에베레스트를 오르는 것보다 힘들 수 있다. 산을 오를 때 베이스 캠프를 설치하고 구간마다 어떻게 정복할지 작전을 짠다. 예산과 장비, 인력이 필요하다. 연애와 결혼도 똑같다. 연애와 결혼은 사랑이라는 환상만 갖고는 지속하기 어렵다.

지금처럼 자본주의가 시대의 이데올로기로 자리 잡은 환경에서는 더욱 그렇다. 연애와 결혼에는 시간과 돈, 체력이라는 3대 요소가 수반되어야 한다. 돈이 떨어지면 연애와 결혼생활을 지속하기 힘들다. 돈이 많아도 충분히 교감할 수 있는 시간이 없다면 열정이 부족하다는 원망을 듣는다. 돈과 시간이 충분해도 체력이 소멸하면 결국 혼자서 요양병원에 가야 한다.

연애든 결혼이든 진실한 사랑에 플러스로 돈과 체력, 시간 요소를 절대적으로 반영한다. 연애와 결혼생활은 극한직업이다.

현재의 결혼 양식은 오래된 관습이 아니다. 남녀가 서로 사랑해서 상대방을 선택하고 결혼식을 진행하는 형태의 관습은 산업혁명 이후 130년 정도이다. 한국은 미 군정 이후 78년 정도 흘렀다. 연애라는 말과 사랑한다는 말, 연애결혼이라는 용어 역시 미 군정 이후 파생된 언어다. 오래된 것이 아니다. 결혼의 역사는 생각보다 짧다.

즉, 역사적으로 사랑과 결혼은 동의어가 아니라는 뜻이다. 예나 지금이나 남녀가 결혼생활 안에서 진정한 행복을 누리고 사랑하는 예도 많지만, 대부분 결혼의 목적은 개인의 행복이나 사랑이 아니라 사회문화의 유지와 계승이었다. 지금의 관점에서 보면 인류의 결혼은 거의 사랑과 관계가 없다.

결혼은 종족 보존과 사회의 안녕, 성적 충동의 해소로 활용했다. 그렇기에 대다수 부부는 더욱 사랑이라는 환상을 쫓아 서로에게 절대적인 헌신을 기대한다. 배우자가 절대타자임에도 불구하고 자신과 동일시하여 모든 행복의 기대를 상대방에게 요구한다. 그런 심리적 상태를 '소울메이트' 증후군이라고 한다.

소울메이트는 북유럽 신화에 등장하는 '잃어버린 자신의 분신'이다. 인생의 궁극적인 목적은 소울메이트를 찾는 일에 집중하고 마침내 마음에 드는 짝을 만나 사랑을 나누면 그(그녀)는 '절대적 자아'로 다가든다. 쉽게 말하면 백마 탄 왕자를 기대하는 심리상태가 되는 것이다. 인생의 모든 불행은 '결혼하였다'라는 말과 함께 종식되고 상대방이 '절대 자아'로 자신과 겹쳐져서 영원히 행복하기를 바란다. 그러나 그런 일은 좀처럼 얻기 힘 들다.

그래서 사랑할 때는 가슴이 아프지만 결혼하면 머리가 아픈 법이다. 안타깝지만 사랑과 결혼에서 장기적으로 성공하려면 진실한 감정 하나만 갖고는 한계가 있다. 후광도 커플 중 한쪽이 애정 결핍을 느끼거나 외로워지면 빛깔이 바랜다.

사람은 외로움을 타면 타인의 친절과 애정이 그리워진다.

"화장실 갈 때 가방을 들어줘서",

"오랜 시간 내 얘기를 경청하고 공감해 줘서",

"차 문을 열어주고, 걸을 때 인도 안쪽으로 나를 에스코트해 줘서",

"전화할 때마다 반가운 감정이 담뿍 담긴 목소리로 반겨줘서"

여자가 남자에게 사랑의 감정을 느낀 상황은 사소하고 감정적인 부분이 많다. 그러한 행동을 살펴보면 남자도 연애하고 사랑하는 것이 결코 쉬운 일은 아닌 듯싶다. 반비례로 여자도 마찬가지일 것이다.

애정이란 감성은 뇌의 화학작용으로 보통 2년이면 감퇴한다는 의견이 많다. 그래서 본질은 유지하되 사랑의 구간마다 그 형태가 달라질 수 있다는 것을 수용할 줄 알아야 한다. 뜨거운 애욕의 시기를 거쳐서 낭만적 사랑에 이르고, 아이들을 키우고 중년이 되면 '우애적 사랑'으로 승화하는 것이 자연스럽다.

상대방에 대한 애정을 유지하는 것은 어느 한쪽의 의지만 갖고는 불가능하다. 남자는 분위기 넘치는 모닝섹스를 하고 싶은데, 여자는 머리 손질을 하고 싶어 한다. 이러한 엇박자가 반복하면 부부는 한쪽이 원하는 바가 아니어도 자동으로 섹스리스 커플로 분류된다.

여자는 분위기 있는 조명과 섹스기구를 준비하고 성적 판타지에 빠져서 종일 남자를 기다렸는데, 남자는 소맥으로 지친 심신을 달래고 싶어 하면 사랑 분위기는 금세 신기루가 된다. 애정 생활을 유지하는 것은 고도의 정치적 행위가 아니면 불가능하다. 정기적인 커플 회담과 대화, 화기애애한 분위기와 적절한 긴장감, 믿음직스러우면서도 귀여운 이미지를 확보한다고 해도 상대방의 흥미가 다른 쪽에 있거나 섹스에 무관심한 권태기로 접어들면 애정은 자위로 풀어야 하는 딱한 처지가 된다.

"가족과 무슨 섹스를…."

이런 자조 섞인 농담이 괜히 나온 것이 아니다. 왕처럼 아무 때나 내키면 섹스를 할 수 있는 시대나 처지가 아니고, 어쩌다 한눈을 팔다가 들키면 죽음인 세상에서 성과 사랑은 먼 나라의 잊힌 전설이 될 수 있다.

칼릴 지브란(1883 ~1931)은 연애와 결혼의 정체성과 경계에 대하여 설파했다. '함께 서 있으되 너무 가까이 서 있지는 말라'라는 경구는 오늘날에도 흔히 결혼식장의 주례사로 인용되지만, 정작 그 깊은 뜻을 헤아리는 일은 쉽지 않다. 시의 요지를 살펴본다.

「결혼에 대하여」

-칼릴 지브란

스승님 결혼이란 무엇입니까?

서로 사랑하라.
그러나 사랑에 묶이지는 말라.

서로의 잔을 채우되, 어느 한 편의 잔만을 마시지는 말라
서로 저희의 빵을 주되 어느 한 편 빵만을 먹지는 말라
함께 노래하고 춤추며 즐거워하되,
그대들 각자는 고독해도 된다.
하나의 음악을 울릴지라도 외로운 기타 줄처럼

서로 가슴을 주라.
그러나 서로의 가슴에 묶어두지는 말라.
오직 삶의 손길만이 그대들의 가슴을 간직할 수 있느니라

함께 서 있으라.

그러나 너무 가까이 서 있지는 말라.

사원의 기둥들도 서로 떨어져 서 있는 것처럼

참나무와 사이프러스나무도 서로의 그늘 속에서 자랄 수 없나니,

그런데 말이다. 사람 대부분은 칼릴 지브란의 말처럼 살 수 없다. 배우자를 소유하고, 의심하고, 때로 버리기를 원한다. 그래서 이혼소송이 줄을 잇고 재혼을 밥 먹듯이 하며 죽을 때까지 성적인 욕망을 버리지 못한다.

성공적인 결혼생활은 존재하지 않는 허상이고, 이룰 수 없는 로망이다. 그러나 우아한 목표를 가지고 참나무와 사이프러스 나무처럼 서로의 그늘 속에서 자랄 때 서로의 가슴 뛰는 소리를 들을 수 있나니, 쉼 없이 사랑하기를 바란다.

이별에 관하여

결혼은 해도 후회하고 안 해도 후회한다는 말이 있지만 실은 이 말만큼 모순되는 말도 흔치는 않다. 결혼한 사람은 안 한 사람의 경험과

시선을 가질 수 없고, 결혼을 안 해 본 사람은 해 본 사람의 기쁨과 고통을 이해할 수 없다. 서로에게 '없는' 것을 두고 후회를 논하는 것은 부질없는 일이다.

자녀도 마찬가지이다. 다자녀의 아이들은 외 자녀의 상황을 알 수 없고 외 자녀가 다자녀의 처지를 알 수 없다. 가족 심리 백과에 따르면 텍사스대학 토니 팔보(Toni Falbo) 교수팀이 리더십, 성숙도, 사회성, 유연성, 안정성 등 16가지 항목에서 외동 아이와 형제가 있는 아이를 비교한 결과, 두 그룹 간의 차이가 없었다. 성취 동기와 자존감에서는 오히려 외동 아이의 점수가 더 높은 것으로 나타나기도 했다.

저널리스트 L. 샌들러(L. Sandler)는 2010년 이런 결과를 바탕으로 미국 시사 주간지 〈Time〉에 외동 아이에 관한 고정관념이 얼마나 잘못되어 있는지를 기고하며 큰 반향을 불러일으켰다. 그러므로 이혼에 대하여 이와 같은 선입견을 품지 않고 들여다보면 있는 그대로의 사실 확인이 가능하다.

헤어졌지만 다시 만날 수 있는 것을 이별이라 하고, 스님이나 수녀의 출가처럼 다시는 만날 수 없는 이별을 별리(別離)라고 한다. 이혼은 이별이 아니라 별리이지만, 편리 상 이혼을 이별이라고 부르겠다. 뭐라든 말든 의학적으로 죽음이 삶의 종말이자, 건강의 패배이듯 이혼은 어떤 동기와 과정을 지니든, 결혼의 종말이자 비극적 요소를 지녔다고 볼 수 있다.

연인은 왜 헤어지고 부부는 왜 이혼할까? 시대에 따라 연애의 파탄은 동기가 다르다. 구시대의 연애가 깨지는 것은 가문의 반대 때문이다. 소설이지만 로미오와 줄리엣의 이루어질 수 없는 사랑이 전형이랄 수 있다. 신분 격차, 부모의 원한, 동성동본이 가장 큰 원인으로 작용했다. 현대의 연애는 상대방의 변심, 즉 다른 연인이 생겼을 때 깨지기 일쑤다.

결혼은 어떨 때 깨질까? 전문가들은 보통 세 가지를 꼽는다. 돈, 불륜. 성격이다.

남녀 누가 가장이든 가장 역할을 하는 쪽(보통은 남자)에서 돈을 벌어오지 않거나, 양육비를 부담하지 않게 되면 거의 반드시 파경을 맞이한다.

두 번째는 질투심을 유발한 불륜이다.

미국 두뇌와 미국 육체의 만남이라는 유행어를 낳은 작가 아서 밀러와 배우 메릴린 먼로의 이혼은 이브 몽탕과 먼로의 스캔들 때문이었다. 성격 차이는 사실 핑계이고 시댁 문제 등이 성격 차이로 채색되는 경우가 흔하다. 이별은 사랑의 문제가 아니다.

질투는 이별의 단골 메뉴이다.

질투는 현실이든 가상이든 조현병과 유사한 의처증(의부증)을 유발한다. 의처증이 가장 심하게 나타나는 나이는 의외로 60대부터이다. 믿지 못하겠거든 의처증 환자가 수용된 정신병원을 가보면 쉽게 알 수 있는 일이다. 의처증과 의부증은 20대에도 발병하고 나이를 가리지 않지만 60대에 심한 것은 아마 그 나이가 본격적인 노화로 접어드는 나이면서 심신이 미약해지기 때문이 아닌가 싶다.

이 병에 걸리면 죽어야 낫는다고 의사들은 언급한다. 의처증 환자를 옛 어른들은 그 영감 '망령들었다'라고 표현하고는 했다. 내가 어릴 적에도 동네에는 망령 든 노인이 꼭 한둘은 있었다. 망령든 노인은 늙은 아내가 변소 가는 것도 따라가서 감시한다. 불치병이다.

아무리 이혼이 흔한 시대이지만, 이혼의 결과는 대체로 불행한 편이다. 특히, 부부 중 경제력이 빈약한 쪽의 처지는 홈리스를 향해 가는 길이 훤하게 뚫려 있다. 나는 시민단체 일과 국가인권위원회 전문위원을 지내면서 법정 모니터링을 할 때가 많았는데, 이혼법정의 풍경에서 빠지지 않는 필수 메뉴는 돈이었다.

이혼소송은 돈이 많이 든다. 불륜의 경우 소송을 제기하기 위해 장기간 상대방의 뒤를 쫓으려고 심부름센터에 의뢰하여 사진 찍고 도청하고, 그 증거로 변호사를 선임하는데 못 들어도 대개는 2, 3천만 원이 든다. 여차여차하여 상대방을 개망신시키고, 직장에서 쫓아내고, 법정에서 마침내 승소하면 대체로 800만 원에서 2천만 원 사이의 배상금을 판결한다.

돈 들여 개고생한 것을 고려하면 너무 적다. 들어간 돈에 비하면 손해날 때가 많다. 그런데 그 정도의 판결이 우리나라 이혼법정의 관행이다. 재벌이나 재벌 2세의 이혼에서도 배상금은 상식 수준에서만 선고한다. 이혼하기 위하여 투자한 비용을 배상금으로 메꾸려 한다면 그것만큼 오산은 없다. 투자 대비 산출액은 보통 마이너스가 정상이다. 마땅히 해야 할 이혼을 하지 말라는 뜻이 아니다. 알아서 손해 볼 일은 아니기에 참고로 기술하였다.

다음으로 재산 배분과 자녀 양육이 법정의 도마 위에 오른다. 모르는 사람은 부부가 이혼할 때, 무조건 재산을 반분하는 것으로 오해하고 있다. 부부가 함께 모은 재산이면 대체로 그렇게 판결이 나오지만, 한국에서 5, 60대 부부의 재산은 거의 남자 쪽 재산이다. 이러면 재산 배분은 축적의 과정을 따져서 나누고, 만약 아내(남편)의 재산이 아니면 생애주기 최저임금으로 주부의 노동을 계산하여 지급하라는 판결이 나오는데 얼마 되지 않는다.

그것도 상대방이 성실하게 지켜서 판결대로 재산을 나누면 되는데, 십중팔구 그렇게 하지 않고 애를 먹인다. 끝까지 주지 않다가 소송비를 다시 들여 강제집행 추심을 통지하면 그때 가서 전액도 아니고 일부를 찔끔 주면서 미룬다.

이혼 과정에서 축적된 분노와 보복 감정으로 인해 이혼하려는 부부는 세상 누구보다 철천지원수가 되어 상대방에게 최대한 피해를 준다. 내가 관찰하고 상담했던 커플의 모습이 대체로 이렇다. 좋게좋게 끝나고 뒤처리를 깔끔하게 하는 부부를 본 적이 없다. 그러므로 이혼하기 전에 다음 세 가지는 반드시 체크하고 대비하면서 이별을 준비하였으면 한다.

첫째, 이혼 후에 경제적으로 자립할 수 있는 생계 대책을 미리미리

수립해야 한다. 직장이든, 집 투기든, 뭐든 돈 문제를 해결해야 이혼이라는 거사를 치를 수 있다.

둘째, 자녀 양육문제를 원만하게 해결한 후, 법정에 가야 한다.

그 문제를 해결하지 않아 법정까지 끌고 가면 자신이 자녀 양육권을 잃을 수도 있다는 것을 받아들여야 한다. 누가 승소를 해서 자녀를 차지할지는 이혼 부부 마음이 아니고 판사 마음이다.

셋째, 정을 떼고 미련을 버려야 한다.

이혼하면서 미련이 남고 정을 떼지 못하면 이혼 후, 큰 상처로 남는다. 완전히 정을 버려야만 이혼 과정과 이혼 후 뒤처리에서 잔혹하게 상대방을 대할 수 있다. 가혹한 말 같지만, 미련을 남겨 정이 남는 쪽의 상처가 더 크기 때문에 게임에서 패배하면 새로운 출발도 하지 못한다.

이렇게 말해놓고 나니까 무슨 이혼의 법칙 같은 것을 제시한 것 같아서 나도 마음이 편치 않다. 이혼이 그런 줄 모르는 커플이 대부분이다. 자신의 이혼은 드라마처럼 변호사가 대신 해결해주거나 남편(아내)이 멋지게 정리하고 안녕이라 하며, 이혼 후에도 돌보아주는 그런 것이 아니다.

심하면 목숨과 재산, 자녀를 빼앗기는 인생 최대의 전쟁이다. 그렇다면 이혼을 피할 방법은 없을까? 없다. 다만 결혼생활의 슬기로움을 모색하여 최대한 이혼에 이르지 않는 정서를 나누면 비극을 줄일 수 있다.

사랑의 삼각형 이론을 생각해보자. 심리학자 로버트 스텐버그(Robert Sternberg)는 인간의 지능을 연구하면서 사랑의 신비에도 관심을 가졌다.

그는 한 번 이상 사랑을 경험해 본 여러 연령층의 사람을 대상으로 인터뷰와 설문 조사를 전개하여 '사랑의 삼각형 이론'이란 것을 만들었다. 스텐버그는 남녀가 사랑에 푹 빠지고 한눈에 반하는 등 뜨거운 낭만적 사랑에 이르면 서로에게 친밀감, 열정, 헌신이라는 세 가지 구성요소가 버무려진다고 했다. 그 상태에서는 상대와 자신을 하나의 융합적 존재로 여겨서 서로를 위해 희생을 아끼지 않을 수 있다고 해석하였다. 불타는 사랑을 이루는 말이다.

그러므로 사랑의 첫 번째 구성요소는 친밀감이다.

친밀감(intimacy)은 상대방을 가깝고 편안한 존재로 느끼는 심리적 상태로 서로를 잘 이해하고 원활하게 소통하며 긍정적인 지지를 보내고 소유물을 공유하는 행동 특성을 나타낸다. 친밀감은 사랑의 따듯한 측면을 반영하며, 사랑이 따듯하고 푸근하게 느껴지는 것도 친밀감 때문이다.

그러나 친밀감은 만난 횟수와 교제 기간에 비례하여 서서히 점진적으로 증가하다가 포물선을 그리며 자연스럽게 저하되는 특성을 보인다. 부부로 오래 살다 보면 서로 친밀하다는 것조차 의식되지 않는 상태로 안착한다.

낭만적 사랑에만 존재하는 두 번째 요소는 열정이다.

열정(passion)은 사랑의 뜨거운 측면을 반영하는 것으로 연인을 신체적으로 흥분시켜 들뜨게 하고, 사랑하는 사람과 항상 함께하며 일체가 되고자 하는 강렬한 집착과 성적인 욕망을 불러일으킨다. 열정이 있어야 섹스가 재미있고 지속적으로 성행위할 수 있다.

낭만적 사랑이 우정과 다른 것은 열정이라는 독특한 구성요소를 지닌다는 점이다. 친밀감과 달리 열정은 상대방과 급속히 가까워지게 하고, 첫눈에 빠져들게 하기도 한다. 처음 만난 순간부터 강렬한 열정을 느끼는 경우도 드물지 않다.

그러나 과학적인 측면에서 열정은 오랜 기간 지속하지 않는다. 연인의 교제 기간이 길어지면 열정의 강도는 약화하거나 우정 비슷한 다른 형태로 변화하는 것이 일반적이다.

사랑의 세 번째 요소는 헌신이다.

헌신(commitment)은 상대방을 지속적으로 사랑하겠다는 결심과 행위를 의미한다. 헌신은 사랑의 관계 속에 자신을 던지는 의지적 결정이자 책임의식으로서 사랑의 차가운 측면을 반영한다. 열정이 식은 부부에게 가장 흔하게 나타나는 특징이다.

사랑의 삼각형 이론에서 낭만적 사랑의 가장 강력한 헌신적 행위는 결혼이다. 결혼은 단 한 사람을 사랑하기 위하여 다른 많은 사람과의 사랑을 단념하는 행위이기도 하다. 헌신은 사랑하는 사람과의 지속적인 관계를 위해 자신을 구속하는 행위로서 사랑 약속과 맹세, 사랑 징표나 선물 교환, 주변 사람에게 연인을 소개하는 일, 연인과 함께 고통스러운 일을 견디는 일 등을 포함한다.

결혼 후, 열정이 식으면 절대적 자아로 겹쳐 보이던 상대방이 어느새 절대적 타자로 느껴진다. 현명한 커플은 열정이 식은 것을 '사랑을 잃었다'라고 슬퍼하지 않는다. 억지로 비아그라를 먹이고 먹으면서 상대방을 강간하려고 달려들지 않는다. 열정이 없더라도 나이가 들어가면서 헌신과 친밀감을 회복하는 방향으로 결혼생활(동거생활)을 이어간다.

오래된 부부가 남매나 친구처럼 닮아가는 것이 정상이고 아름답다고 느낀다면 성공적인 결혼생활이라 평가할 수 있다. 이혼의 거대한 전쟁을 치르는 대신 적당한 거리를 두고 친구처럼 지내는 '졸혼'도 적절한 대안으로 떠오르고 있다.

졸혼의 시대

졸혼은 2천년대 이후 일본과 한국에서 새로 생긴 낯선 개념이다. 생의 엄청난 타격을 불러일으키는 허리케인급 이혼보다는 부부가 거리를 두고 헤어져 살되 부부로서의 외형과 우애를 유지하며 사는 개념이다.

재산분할과 자녀 문제, 양가 노부모에게 주는 충격을 최대한 완화하고 평화롭게 공존한다는 의미에서 '현명한 이별'로 평가하기도 한다. 이는 이혼을 전제로 하여 부부의 연을 끊는 별거와 다른 개념이다.

졸혼은 일본의 유명작가 스키 야마 유미코가 『졸혼을 권함』이라는 책을 내면서 일본열도를 흔들어 놓았고, 한국에서는 탤런트 백일섭의 졸혼 생활을 텔레비전에 방영하면서 주의를 환기했다.

그러나 돌이켜보면 우리나라만큼 졸혼의 역사가 깊은 나라도 드물다. '사랑방 문화'가 바로 조선판 졸혼이다. 부부가 처음부터 내실과 외실에서 따로 살며 내외(內外) 간을 유지했던 양반과 달리 단칸방에서 평생 살 비비며 생존해야 했던 평민도 남성의 나이가 환갑을 지나면 마당 한쪽에 사랑방을 짓고 분방한다.

이른바 양반의 주거형태를 갖는 것이다. 뼈 빠지게 가난한 집도 동네 사람들이 힘을 합쳐서 하루 날 잡아 초가지붕 올리고 사랑방을 지어준다. 남자가 환갑을 넘었으니 '동네 어른 대접'을 해주는 것이다.

사랑방 졸혼은 두 가지 측면에서 오랜 전통을 갖고 있다. 여성들이 마음 편하게 할머니를 중심으로 안방과 마루를 독점하면서 손주를 키우는 육아 중심의 활기찬 가정경제를 이루고, 환갑노인은 아침에 독상을 받고 산책을 하면서 무거웠던 가장의 무게를 내려놓는다.

노부부가 한 발 떨어져 각자 살면서 자신의 달라진 세계를 받아들이며 곧 다가올 외로운 노환과 죽음을 홀로 견디는 연습을 하는 것이다. 마침내 죽음이 노부부를 갈라놓을 때, 가족은 임종 직전의 망자를 안방에 모신다. 저승길만은 부부가 함께 보냈던 안방의 냄새를 맡으며 떠나라는 뜻이다.

서로 보내고 남는 것이 그저 애틋하고 또, 자연스럽다. 졸혼을 생활화했던 조상의 지혜가 새삼 놀랍다. 내 할아버지도 고모할아버지와 외할아버지도 사랑방에서 황혼의 기간을 보냈고, 모두 안방에서 임종을 맞이했다. 생각해보면 왠지 거룩하고 아름다운 일이다.

지금 우리의 졸혼에 관한 찬반 논리에는 역시 사회경제적 입장과 종교적 입장이 혼재되어 있지만, 아직 이에 대한 공론화 과정을 겪은 적은 없다. 모든 가족제도와 경제체제가 생의 1차 근거지인 가족관계에 매몰하여 있기 때문이다.

이혼과 별거에 대한 1인 가구는 사회적 패배자이고, 부적응 인간으로 분류한다. 독신은 아파트 특별분양과 세제 혜택을 받을 수 없고, 유산상속에서도 유무형의 불리함을 겪는다. 혼밥과 혼술이 늘고 있지만 5, 60대 중년이 혼자 마음 편하게 저녁밥을 먹을 수 있는 식당은 극히 드물다. 중년 남자가 혼자 산다고 하면 전·월세도 얻기 어렵다.

잘 나가는 동창회나 사교모임에서 부부동반을 할 때, 혼자 사는 중년 남녀가 끼어들 틈은 없다. 자동으로 왕따이다. 우리만 이런 불편을 겪는 것은 아니다. 선진국도 우리나라와 비슷한 1인 가구 문제를 경험했다.

독일과 북유럽의 1인 가구 정책은 눈물겹도록 평등을 강조하고 실천한다. 주택 분양과 세제 혜택, 월세 정책 등 모든 생활 분야에서 혼족이 불평등을 겪지 않도록 시스템을 구성한다.

혼자 사는 사람이 예뻐서가 아니다. 경제 때문이다. 기독교가 국교인 독일 사회에서 이혼과 독신을 차별했더니 경제가 돌아가지 않았다. 혼자 살면서 사회적 차별을 겪다 보니 혼족이 식당과 극장에 가지 않고, 백화점에 드나들지 않고, 부부 문화 위주인 파티도 흥이 나지 않았다.

소비가 줄고 경제는 나빠졌다. 마침 68혁명을 겪으며 유럽 사회가 온통 낡은 인습과 보수적 종교관을 깨고 나올 때, 독일은 가장 먼저 1인 가구 혁신을 단행했다. 주말 부부 파티에 누구든 사랑하는 사람을 데려오면 그날 부부로 인정하는 '커플 문화'로 바뀌었고, 금기를 타파하고 자유로운 교제와 개인 생활을 존중하는 사회문화를 조성하였다. 오늘날 독일과 유럽의 경제 활성화는 1인 가구와 졸혼을 인정하는 출발선에서 만들어졌다.

낯선 얘기가 아니다. 우리나라는 지금 1인 가구 수가 대폭 증가하고, WHO 통계로 75세 이후 생존자가 세계 1위이다. 가족의 형태도 핵가족화를 넘어 1인 가구 수가 30%를 넘었고, 황혼 이혼은 이혼 비율 중 20%를 차지하고 있다. 전체적으로 새로 결혼하는 커플보다 이혼하는 커플이 더 많다.

혼자 살아야만 하는 시대가 성큼 다가온 것이다. 그런데도 전통적인 가족 형태만 고집하고 제도와 법령으로 졸혼과 혼족을 차별하는 사회경제 시스템은 여전히 작용하고 있다. 개선의 조짐도 보이지 않는다. 저출산을 부추기는 정책만이 판을 친다.

졸혼한 1인 가구, 청년 1인 가구, 중년 1인 가구에 대한 격려와 제도 평등이 이루어져야 한다. 그들은 머지않아 우리나라 구성원의 30%를 넘어 50%를 점하게 될 전망이다, 이들을 위한 경제 잠재력을 생각하지 않으면 내수경기는 하락하고, 코스피 주가는 초라하게 내려갈 것이다. 1인 가구 구성원이 행복한 세상이 모두가 행복한 세상이다.

이혼만 이별이 아니다, 졸혼한 부부, 떨어져서 요양원에 간 남편(아내), 비혼 동거의 청춘남녀(법적 이별 상태)가 모두 이별 상태이다. 이별을 아름답게! 이별을 인간답게 할 수 있게 해주어야 한다.

노년의 성

한국에서 법적 노인 기준은 65세이다. 그 나이면 지하철을 공짜로 탄다며 노인을 '지공거사'라고 부르기도 한다. 작가 김훈은 한국의 노인은 살아생전 경제 부흥을 일으키며 그들의 세금으로 지하철을 만들었는데, 그 혜택을 공짜로 받는 젊은이가 노인을 '지공 거사'라고 부르는 것은 모순된 행위라고 지적했다.

아무튼, 상식적으로 생각할 때 노인은 암 발병률과 노환의 가능성이 커지고, 자살이나 고독사의 가능성이 크다는 말과 비례한다. 빈곤율도 높아진다. 재산이 적든 많든 욕심이 많은 자식을 만나면 다 털리고 사기도 당한다.

2020년 1월 tvN에서 방영된 인기 드라마 「사랑의 불시착」에서 늙어 뒷방을 지키는 재벌 남편이 부인에게 말하는 장면이 나온다.

“여보 돈이 크게 많은 부자는 상속인이 있을 뿐이지 자식은 없는 것이라는 말이 있네”

맞다. 재산 문제는 재벌만이 아니다. 주머니를 탈탈 털면 코 묻은 돈이라도 나올까 봐 늙은 부모를 닦달하는 자식은 곳곳에 널려있다. 모든 노인에게 공통된 난제이다. 그런 면에서 자식이 없는 노인은 자식이 있는 노인보다 한결 고민이 적을 수 있다. 무자식이 상팔자라는 말이 헛말이 아닌 세상이 되었다. 누구에게나 노인의 삶은 고난의 연속이지만, 최소한 피해를 줄이기 위한 선택은 본인에게 달려있다.

다음에 제시하는 대안을 독자와 함께 고민해볼 수 있다면 영광이겠다. 중간중간 노인의 성 문제도 살짝 고민해보자.

첫째, 유머 있는 삶을 선택해보자.

1997년 사망 당시 122세였던 프랑스의 할머니 잔 칼망은 유머가 넘치는 여성이었다. 그녀는 프랑스 남부 아를에서 태어나고 자랐는데, 13세 소녀일 때 그곳에 머물렀던 화가 반 고흐를 만난 적도 있을 만큼 오래 살았다. 장수의 비결은 웃음과 유머였다. 유머는 자신은 물론 타인에게도 긴장감을 해소하고, 스트레스를 줄이는 가장 좋은 비결이었다.

2020년 현재까지 세계에서 가장 오래 산 장수 노인 20여 명 중, 남성은 두 명뿐인 것을 고려하면 여성의 세포재생 능력은 놀라운 일이다. 무엇보다 여성이 남성보다 오래 사는 것은 쉴새 없이 수다를 마다하지 않고 웃으면서 타인을 수용하는 마음 때문이다.

대부분의 나라에서 여성이 가장 좋아하는 남성 스타일은 잘 생긴 외모가 아니라 유머다. 당연히 성적인 매력도 유머가 높은 노인에게 유리한 조건이다. 유머 있는 할아버지가 멋진 할머니를 만날 수 있다. 유머가 넘치는 생활을 하는 노인 남성은 할머니에게 인기가 높다는 것을 항상 명심하자. 유머가 질 높은 성생활의 비결이다.

둘째, 돈이 있는 삶을 선택해보자.

많은 노인이 죽을 때 장례비를 걱정한다. 죽어서도 품위를 지키고 싶어서다. 그렇게 하려면 얼마가 있든 남은 재산관리에 최선을 다해야 한다. 자신이 죽을 때까지 먹고 살 최소한의 자산은 누구에게도 주지 말고 남겨야 한다.

'재산을 분배하지 않으면 자식에게 맞아 죽고 분배하면 버림받아 거지가 된다.'라는 말이 있다. 절대로 틀린 말이 아니다. 그런데 균형을 유지하기가 말처럼 쉽지 않다. 사업에 실패한 자식이 손을 벌리면 종잣돈마저 내주는 것이 우리나라의 부모이다.

재산을 합리적으로 분배하고 최소한을 남겨도 그마저 털릴 수 있다. 그래서 연금이 중요한 것이다. 남은 집 한 채는 어서 빨리 이 글을 읽는 순간 은행으로 달려가서 주택담보대출 연금으로 넘기는 것이 현명하다.

현금은 생존비와 의료비를 제외하고 모두 노령연금 혜택을 월마다 별도로 받을 수 있는 은행상품으로 전환하는 것도 현명한 방법이다. 이렇게 남은 재산을 재구조하면 자식과 부모 사이에 정만 남게 되어 최소한의 예의를 지키고 품위유지를 할 수 있다.

당연히 돈이 있어야 요양원에 가서도 마음에 드는 상대방에게 선물도 드리고 외식도 배달시켜 주면서 연애할 수 있으니 돈이야말로 연애나 성생활에 반드시 전제되어야 하는 요건이다.

셋째, 요양원에 걸어 들어가 보자.

노인 대부분은 죽을 때까지 자식을 바라보다가 사지를 못 쓰게 되면 자식에게 모든 재산을 모조리 털리고 시설이 열악한 요양병원, 다인 병실에 반강제로 실려 가서 자신과 타인의 똥과 오줌 냄새 속에서 생을 마친다.

자신의 건강 상태를 점검하여 기력이 쇠하고 죽음이 머지않았다고 판단하면 임종시설을 겸한 비교적 시설이 좋은 요양원에 입원하는 것이 가장 바람직한 방법이다. 전원생활을 좋아하면 교외의 조용한 시설을 찾고, 도시 생활을 유지하고 싶으면 도심 속 시설이 괜찮은 요양원을 선택할 수 있다.

단, 관리비가 부담될지라도 될 수 있는 대로 1인실을 사용해야 인간적 품위를 지킬 수 있다. 일본이나 독일은 복지법으로 모든 노인요양시설 병실을 1인실로 설치하도록 규정하고 있지만, 한국은 그렇지 않다. 부부가 함께 살다가 배우자가 사망하면 그때가 요양원에 들어갈 적기일 수 있다.

넷째, 적게 식사하며 섹스를 절제하고 명상하면서 언제든 죽음을 받아들일 수 있는 마음을 가져보자.

동의보감에서는 환갑이 넘으면 섹스를 하지 말라고 권고하고 있고, 철학자이자 한의사인 도올 김용옥도 60세가 넘으면 금욕하는 것이 바람직하다고 주장했다.

인도에서 파생된 어느 불교 종파는 남성은 나이가 60세를 넘으면 모두 출가한다. 숲과 굴을 찾아가 명상하고 남은 생애를 검박하게 살면서 죽음을 맞이한다. 추정하기로는 지금의 절은 출가하여 순례하는 남성의 임시거처가 그 근원이 되었다고 본다.

인간은 늙을수록 단맛을 찾고 몸에 좋은 음식을 구하려 든다. 생존 본능이다. 그러나 분열을 멈춘 세포 수와 길이가 짧아지는 텔로미어를 생각하면 소식과 절제가 답일 수 있다. 소식하면 오히려 텔로미어의 길이가 늘어나서 장수할 가능성이 크다. 늙어도 적극적으로 성생활을 하라는 세간의 지침은 한계가 있다고 생각한다.

뭐든지 자유의지가 중요하지만, 고령이 되어 환경적 여건이 어려움에도 불구하고 성욕을 부추기면 욕망만 높아져서 정신이 혼탁해지기 마련이다. 스스로 성 욕구를 조절해야만 하는 시기가 온다. 아예 섹스를 중단하는 것도 좋은 방법이다. 그러한 현실을 조용히 받아들이고 적절히 통제하는 것이 중요하다.

다섯째, 혼자 사는 연습을 마다하지 말자.

의식주를 여성 배우자에게 의지하는 남성 노년은 추하고 불쌍하다. 평생 부인에게 밥을 의존했다면 더욱 홀로서기를 연습하고 실천해야 한다. 부부나 커플은 죽음이 갈라놓을 때까지 함께 사는 것을 허락받지 못할 수도 있다.

특히, 부인이 먼저 세상을 떠나면 남겨진 남편은 누구에게 의식주를 의지할 수 있을까? 자식에게 의존하는 것은 비루하고 짐이다. 스스로 간단하게 요리하고, 밥은 하루에 한 끼만 먹고 두 끼는 간단한 간식으로 채워도 건강에는 무리가 없다.

일찌감치 홀로서기를 연습하면 가볍고 홀가분하며 상쾌한 일상을 보낼 수 있다. 그렇게 살면 무엇보다 부인이나 연인에게 칭찬받고 때로 러브 러브한 에로스를 선물받는 날도 찾아올 수 있지 않을까? 사랑받기가 그리 쉬운가.

여섯째, 죽음을 받아들이는 연습을 해 보자.

나는 2019년 소천한 엄마에게 살아계실 때 미리 죽음을 연습하도록 여러 번 대화를 나누었다. 다른 형제가 그런 결례가 어디 있느냐고 핀잔을 했지만, 당사자인 엄마는 진지하게 경청하고 실천했다.

"엄마, 옛날에 함께 살던 가족이나 지인의 영혼이 찾아오고, 엄마의 마음이 그들을 대하기가 편하면 따라가도 돼요"

"응, 얼마 전에도 그들이 왔었어. 함께 가자는 것을 안 따라갔지, 전보다 그 사람의 얼굴이 편해 보였어."

"그래요. 죽음이 임박하면 엄마도 스스로 임종을 알게 돼요. 밝은 빛이 보이면 빛을 따라가도 될 만큼 마음이 기울면 빛을 따라가요. 그러면 그분들이 마중을 나올 거고 엄마는 다른 세상으로 가게 돼요."

엄마는 임종 며칠 전에 서울에 있는 나를 불렀다. 전에 없는 진지한 목소리로 장남인 나를 찾았다. 이례적인 일이었다. 부모를 잘 모시고 있는 둘째 동생이 형을 생각하여 올 필요가 없다고 배려하며 말렸다. 둘째 부부는 엄마가 돌아가시기 전까지 부모를 모신 효자 효부다. 그러나 무언가 꼭 엄마가 나를 보고자 한다는 본능이 있어서 세종시의 엄마에게 KTX를 타고 달려갔다. 음식을 섭취하고 침대에서 누워있던 엄마가 간신히 일어나서 내 손을 잡고 가족의 안부를 물으면서 '사랑한다.'라고 말했다.

겨우 30분을 만났고 엄마의 손을 쥐고 평안해 보이는 눈빛을 마주한 후 나는 상경했다. 그게 마지막이었다. 엄마는 내가 돌아간 후 곧바로 병원에 입원하여 3일 만에 돌아가셨다. 임종을 지켜본 막냇동생은 임종 직전까지 의식과 눈빛이 살아있는 엄마를 안아주었고, 엄마는 죽음을 받아들였다. 엄마는 나와 말을 나눈 후 입원해서는 말을 못하셨다. 고개를 끄덕이거나 눈빛으로 대답은 해도 말할 기력이 없는 듯했다. 나는 엄마가 지상에서 마지막 말을 나눈 사람이 되었다.

돌아가신 후 삼우제를 지내고 온 날 새벽에 꿈을 꾸었다. 살아생전 가장 아끼던 고운 한복을 입고 함박웃음을 웃으며 나와 함께 잔칫상을 마주하는 꿈이었다. 머리끝부터 발끝까지 전신의 모습을 보여주셨다. 그날 나는 마음속 깊이 이렇게 적었다.

"부모라고 쓰고 엄마라고 읽는다".

12장

사랑은 눈물의 씨앗

사랑은 눈물의 씨앗 | 길, Road · Way · Path

12장. 사랑은 눈물의 씨앗

사랑은 눈물의 씨앗

연애하면 가슴이 아프고 결혼을 하면 머리가 아프다. 사람의 말 한마디를 실로 꼭꼭 묶어 가슴에 품으면(戀) 그리움이 되고, 길한 날을 택해 시집을 가면(婚) 혼인이 된다. 연애할 때는 기다림도 설렘이지만 결혼생활에 지치면 그리움도 병이 된다. 그래서 가수는 '사랑이 무어냐고 물으신다면 저마다 눈물의 씨앗'이라고 했는가 보다. 시인은 사랑에 대하여 한결같이 '그리움'이라고 쓰고 '서러움'이라고 읽는다.

도대체 사랑은 알지 못하고 증명할 수 없다. 물어봐도 대답할 수 없다. 그냥 그 자체만으로 아름다운 에너지이다. 그런데도 인간의 성(性)은 차별적이며 획일적인 인간세의 정치와 종교, 사회의 규범과 충

돌한다. 고대의 성인과 근대의 철학자도 성과 사랑 앞에서는 허탈해진다. 소월의 시 '예전엔 미처 몰랐어요'라는 그러한 사랑의 정한을 잘 담아내고 있다.

「예전엔 미처 몰랐어요」

-김소월

봄가을 없이 밤마다 돋는 달도
예전엔 미처 몰랐어요.

이렇게 사무치게 그리울 줄도
예전엔 미처 몰랐어요.

달이 암만 밝아도 쳐다볼 줄은
예전엔 미처 몰랐어요.

이제금 저 달이 설움인 줄은
예전엔 미처 몰랐어요.

사랑에 대한 성인의 말씀은 어떠했을까? 지혜로운 부처님 석가모니는 사랑은 너무 슬퍼서 자기 머리를 쥐어뜯고 가슴이 뒤집히는 것

(愛)이라고 설명했다. 예수님은 너희 중에 죄 없는 자가 이 여인에게 돌을 던지라고 하셨으며, 셰익스피어는 로미오와 줄리엣을 통해 죽음에 이르는 사랑의 극적인 아름다움을 묘사했다.

프리드리히 니체는 루 살로메에 집착하여 이루지 못한 사랑의 분풀이를 신에게 해댔다. 덕분에 신은 죽었다고 외친 그의 말 한마디는 실존주의가 되어 현대철학의 길을 열었다. 인간의 사랑과 성이 보편적 가치일진대 종교와 철학은 늘 사랑에 관해 신과 소크라테스에게 물었다. 사도 바울은 신을 대신해서 교회를 다니는 것이 사랑의 완성이라 했고, 소크라테스는 내가 나를 모르는데 사랑을 어찌 알겠냐며 너 자신을 알라고 반문했다.

인간의 성과 사랑은 길을 잃었다. 머리가 아픈 날 꽃이 지고 새가 울면 '그때가 그리운 건지 그대가 그리운 건지'라며 파란 하늘 한번 쳐다보며 비로소 인생 길을 생각한다.

길(産道)을 따라 태어난 인생은 길(北邙山)을 따라 돌아간다. 길은 빛이기도 하다. 아기는 길고 힘든 어머니의 산도에서 날숨을 쉬며 마침내 세상의 빛을 향해 나아간다. 세상 소풍 끝내고 돌아가는 이들은 마지막 들숨을 한 모금 마시며 빛의 길을 따라 저승으로 간다. 살아있는 모든 인간관계는 단절된 상태에서 시작하여 단절된 상태로 끝을 낸다.

어둠에서 시작된 빛이 다시 어둠의 길을 따라 돌아가듯이 탄생과 죽음은 모두 빛의 길이다. 길은 무엇인가? 대략 세 가지 의미로 분류할 수 있다.

모두가 찾아가는 길을 보편적인 길(Road)이라고 한다. 어떻게 가느냐는 각자에게 달려있으니 고독의 길을 방도(Way)라고 부른다. 로드와 웨이에서 지친 심신을 스스로 구원하고자 할 때 누구든 보리밭 사잇길 같은 오솔길(Path)을 그리워하지 않을 수 있을까.

그래서 길은 Road(보편적인 길)와 Way(내가 만들어 가는 길)와 Path(영혼의 오솔길)로 나뉜다. 사람들은 보편적인 길(Road)에서 입학하고 결혼하며 부귀공명을 누리고자 한다. 경쟁이 치열하다.

전 세계에서 한 해 평균 150만 명이 교통사고로 죽는다. 교통사고 사망은 교통사고에만 있지 않다. 음모와 술수, 전쟁과 범죄가 난무하는 로드에서 킬(kill)을 당하지 않기 위한 인간의 몸부림은 눈물겹다.

살아남고 승자가 되기 위해 학벌과 돈을 쌓고 권력을 지향한다(Way). 로드에서 살고자 하는 길(Way)은 고독하다. 어느 날 힘에 부쳐 비에 젖은 삼각지에 설 때 이리 갈까 저리 갈까 차라리 돌아갈까를 망설이는 마음은 슬프다.

길, Road · Way · Path

어느 날 문득 열심히 달려온 길(Road, Way)을 돌아볼 때 한 줄기 바람이 늦가을처럼 불어오면 자신도 모르게 자신의 숨은 정체성(Identity)을 들여다본다. 이것만이 꼭 아니지 않나 싶을 때, 나만의 길(Path)이 그리워진다. 외로운 마음을 달래며 들어선 오솔길에서 하늘 한번 올려다보고 눈물 한 방울 흘릴 때, 영혼은 비로소 맑아진다.

로드와 웨이만 있는 인생은 쓸쓸하다. 오솔길에서 꽃길을 볼 줄 아는 영혼은 행복하다. 따라서 진정 길이 뭐냐고 묻는다면 길은 곧 사람이라고 답하겠다. 사람이 무어냐고 묻는다면 사람은 곧 사랑의 존재라고 말할 수 있겠다. 사랑은 물리의 법칙을 따라 보편성을 지향하고, 보편성은 사람들 사이에 개별적인 가치로 자리 잡을 때 비로소 완성한다. 사랑의 길은 때로 죽음보다 강하다.

이순신은 선조 때의 재상 유성룡(Way)을 만나서 등용되고 삼도수군통제사가 되었다. 그 길(유성룡, Way)에 모함을 당해 유배를 떠나는 날 아침, 공교롭게도 이순신은 노량해전에서 전사했다. 방패를 치우고 갑옷을 입지 않은 채 스스로 흉탄을 맞이한 죽음이었다.

그는 백의종군 이후 다시 참전하면서부터 죽는 날까지 공개적으로 임금에 대한 충성심의 증명인 망궐례(望闕禮: 대궐을 향한 참배 의식)를 하지 않았다. 그의 죽음은 임금을 향한 충성(Way)이 아니라 백성을 향한 사랑(Path)이었다. 그가 지킨 길에서 우리 민족의 삶은 다시 피어났다.

그런 성웅도 난중일기에 성(性)을 나누었던 여인의 이야기를 실었다. 진중에서 자신을 수발하고 정을 나누었던 여인의 외도가 의심되자, 캐묻거나 나무라지 않고 조용히 내보내는 슬픈 장면이 나온다. 애정지사(愛情之事)는 영웅의 가슴에도 애틋하게 남아 있는 법이다.

김춘추는 김유신(Road)을 만나서 피비린내 나는 삼국의 전쟁을 끝내고 당나라로부터 한반도의 독립을 이루어냈다. 삼국유사에 등장하는 김유신의 누이 문희와 김춘추의 러브스토리는 목숨을 건 한 편의 드라마였다. 여차여차하여 문희가 춘추의 아기를 임신했지만, 왕족과 망명 귀족의 신분 차이 때문에 혼인을 망설이는 춘추를 끌어들이기 위해 유신은 문희를 성의 문란이라는 사회규범을 이용해서 불에 태워 죽이겠다는 공개처형 방식으로 춘추를 협박하여 둘의 짝짓기를 성공시켰다.

삼국유사는 춘추와 문희의 사랑(Path)으로 미화시켰지만, 유신의 정략결혼(Way)은 누이의 목숨을 담보로 한 위험한 도박이었다. 삼국통일은 한 여인의 희생적인 사랑에 빚진 결과물이라고 해도 지나치지 않다. 사랑은 곧 역사 자체다.

계백은 의자왕(Road)을 만나서 망국의 장군이 되었지만, 황산벌 전투(Way)에서 백제의 혼(Path)이 되었다. 우리는 무너진 황산벌의 흔적에서 그의 전설을 상상한다. 그는 5,000명의 결사대를 이끌고 전장에 나서면서 부인과 자녀의 목을 베었다. 패장의 가족으로 노예가 되느니 명예로운 죽음을 택해야 한다는 '명예살인'이었다. 가족을 벤 계백의 이야기는 군사들의 심금을 울렸지만, 그의 독단적이고 무모한 가족살해는 현대에 이르러 마초 계백을 꾸짖고 원망하는 영화와 연극의 소재가 되었으니 세월이 무상하다.

망국의 가족은 갈 데가 없고 무모한 사랑은 비극적이다. 사랑은 눈물의 씨앗이다.

무함마드는 연상의 부유한 여인 하디자(Road)를 만나 이슬람을 세웠고, 어린 아내 아이샤(Way)를 만나 코란을 탄생시켰다. 무함마드의 첫 번째 부인 하디자는 재벌 가문의 미망인이자 상속녀였고, 그녀의 재산은 무함마드의 군대를 만드는 데 요긴하게 사용했다. 하디자 덕분에 무함마드의 군대는 그 유명한 '칼이냐 코란이냐'를 기치로 내세워 아랍을 정복했고 마침내 이슬람을 설립했다.

이슬람 제국은 하디자의 돈으로 만들어졌다고 해도 지나치지 않을 것이다. 아이샤는 소녀 시절에 53세의 무함마드와 정략결혼을 하였지만, 수재로 성장했다. 그녀는 기억력과 통찰력이 뛰어났고, 이슬람학에 대해 뛰어난 실력을 보여주었다. 아이샤는 아내임과 동시에 신학적인 동료로서 무함마드에게 코란 해석이라는 선물을 안겨주었다.

무함마드는 여복이 많은 남자다. 여복이란 이럴 때 쓰는 말이지만, 그때나 지금이나 이슬람의 일부다처제는 확실히 낡은 문명의 유산이 아닐까 싶다.

황진이는 꽃미남이자 학문이 출중한 학자인 소세양을 만나서 길이 남을 연애의 꽃길(Path)을 만들었다. 황진이의 미모와 학식을 갖춘 기생은 보통 머리를 얹을 때 평생을 보장할 재물을 제공하는 유력자를 택할 법도 하지만, 그녀는 자신이 마음에 든 청년 선비 소세양을 선택하여 두 달을 함께 신혼으로 머물며 시를 주고받고 사랑놀이를 하였다.

이후 콧대 높은 황진이는 조선의 여인으로는 아마 처음이지 싶은 금강산을 유람했고, 당대의 선비들과 주체적이고 뜨거운 사랑을 나누며 수십 편의 한시를 지었다. 그녀의 뛰어난 시와 문장은 뭇 시인의 가슴을 설레게 했다. 오죽하면 최고의 시인이자 정치가인 백호 임제가 그녀의 사후 30년에 평안도 평사(정6품)로 부임하면서 도중(途中)에 놓인 그녀의 무덤에 술잔을 올리며 연모의 시 한 수를 지었을까.

그 시로 인해 백호는 파직되었지만, 조금도 후회하지 않았다. 백호 임제의 러브 스토리(Path)는 어처구니없기도 하지만 이마저 없었다면 조선의 사랑도 낭만이었음을 우리는 알지 못했을 것이다.

사랑의 일화는 동서양을 넘나들며 이루 헤아릴 수 없이 많다. 보헤미안 랩소디의 프레디 머큐리는 메리 오스틴과 결혼하면서 전성기(Way)를 누렸고, 이혼으로 헤어진 후에도 원수로 여기지 않고 함께 우애적 사랑을(Path) 나누며 위대한 여정을 만들었다.

그들의 Path는 머큐리 사후에 AIDS 후원을 위한 머큐리 피닉스 재단(Way)으로 거듭났다. 메리에게 헌사 된 노래 「Love of My Life」는 그들의 사랑 이야기다. 헤어지고 이혼하면서 막장을 연출하는 한국의 커플은 프레디 머큐리와 메리 오스틴의 Path에 대하여 심사숙고해 보시길 권한다. 사랑과 이별이 꼭 눈물의 씨앗일 필요는 없지 않은가.

에필로그

책을 싫어하는 대중은 없다

인생은 길을 따라가고, 길을 만드는 순간의 연속이다. 길이 보이면 길을 따라가고, 길이 보이지 않으면 길을 만들어 가야 한다. 인생이 더 저물기 전에 우리는 치열했던 지난 길(Road)을 돌아보고 새롭게 만들어 가야 할 길(Way)을 가늠하며, 가슴 깊이 서늘하게 묻어나는 '나의 남은 길(Path)'을 생각해보아야 한다.

평생 자기 자신과 관계를 맺기보다는 타인과 운명, 신과 편협된 인식에 매달려 온 의존적 자아로부터 해방되어야 한다. 건강한 자아에 깃든 물리적인 성과 보편적인 사랑에 시선을 돌리고 '새로운 자아'를 만나야 할 때다.

프롤로그에서 언급했듯이 "좋아하는 책을 못 만난 대중은 있어도 책을 싫어하는 대중은 없다"라는 말을 다시 상기한다. 집필자에게 이 말만큼 긴장감(tension)을 주는 말은 세상에 없다고 생각한다.

이 책을 읽었을 독자들께 내 글을 좋아하셨느냐고 감히 물을 용기가 나지 않는다. 다만, 인생의 길(Reading)을 완성의 길(Writing)로 만들어 갈 때 함께 Path를 누릴 수 있다면 참 행복할 것이다. 마음을 모아 여러분께 감사를 드린다.

2023년 여름에

김대유 드림

性, 사랑의 길

- 인문학과 성의 만남

1판 1쇄 인쇄 | 2023년 8월 16일
1판 1쇄 발행 | 2023년 8월 22일

지은이 | 김대유
펴낸이 | 김경배
펴낸곳 | 시간여행
디자인 | 디자인[연:우]
등　록 | 제313-210-125호 (2010년 4월 28일)
주　소 | 경기도 고양시 덕양구 지도로 84, 5층 506호(토당동, 영빌딩)
전　화 | 070-4350-2269
이메일 | jisubala@hanmail.net

종　이 | 화인페이퍼
인　쇄 | 한영문화사

ISBN 979-11-90301-27-5 (03190)